문학과지성 시인선 **340**

명랑하라 팜 파탈

김이듬 시집

문학과지성사

문학과지성사에서 펴낸 김이듬의 시집

말할 수 없는 애인(2011)
히스테리아(2014)

문학과지성 시인선 340
명랑하라 팜 파탈

초판 1쇄 발행 2007년 11월 30일
초판 10쇄 발행 2025년 9월 26일

지 은 이 김이듬
펴 낸 이 이광호
펴 낸 곳 ㈜문학과지성사

등록번호 제1993-000098호
주   소 04034 서울 마포구 잔다리로7길 18(서교동 377-20)
전   화 02)338-7224
팩   스 02)323-4180(편집) 02)338-7221(영업)
전자우편 moonji@moonji.com
홈페이지 www.moonji.com

ⓒ 김이듬, 2007. Printed in Seoul, Korea

ISBN 978-89-320-1825-6 03810

이 책의 판권은 지은이와 ㈜문학과지성사에 있습니다.
양측의 서면 동의 없는 무단 전재 및 복제를 금합니다.

문학과지성 시인선 340
명랑하라 팜 파탈

김이듬

2007

시인의 말

발을 헛디뎠다.
이윽고, 돌아왔다.

2007년 초겨울
김이듬

명랑하라 팜 파탈

차례

시인의 말

제1부

세이렌의 노래　9
레일 없는 기차　10
서머타임　12
유령 시인들의 정원을 지나　14
유니폼은 싫어요　22
나무 위의 식사　24
헬렐레할래　26
지정석　29
여드름투성이 안장(鞍裝)　30
이바지　33
인도차이나　36
쿠마리　38
푸른 수염의 마지막 여자　42
망한 정신병원 자리에 마리 수선점을 개업하기 전날 밤　45
드러머와 나　50
침묵의 복원　52

제2부

일요일의 세이렌 59
부속 건물 실험실에서 60
커다란 눈동자 63
자화상은 지겨워 64
나무나 나나 66
태양 아래 헐벗고 68
부치지 않은 편지 70
바바야가의 오두막 72
왼손잡이 75
안나 오의 진료실 78
오토릭샤맨 80
항상 엔진을 켜둘게 82
레터 나이프 84
혼돈 86
바싹 마른 태아를 해금으로 연주할까요 88
투견 90
합창합시다 92
보시니 좋더라 94
실종자 96
은행나무 여인숙 98
서울 퍼포먼스 100
녹색 광선 103

제3부

이제 불이 필요하지 않은 시각 107
추억은 파리 108
안녕 110
타블라 112
화장실에 고양이를 가두지 마세요 114
막 116
사우나 잡념 119
달리는 집 120
병자가 병원에 와서 죽듯이 122
어제의 만나manna 124
안드로메다 이수자 126
명암 130
일주일 132
평균율 134
유일하지 않은 하나 137
성난 얼굴로 뒤돌아보지 말고 140
엔딩 크레디트 141

해설 | 세이렌의 유령 놀이 · 이광호 145

제1부

세이렌의 노래

더 추워지기 전에 바다로 나와
내 날개 아래 출렁이는
바다 한가운데 낡은 배로 가자
갑판 가득 매달려 시시덕거리던 연인들
물속으로 퐁당
물고기들은 몰려들지, 조금만 먹어볼래?
들리지? 내 목소리, 이리 따라와 넘어와 봐
너와 나 오래 입 맞추게

레일 없는 기차

 몇 해 만에 기차를 탔습니다. 정하지 않은 목적지로 떠나보긴 참 오랜만이네요. 파파야 나무 숲 속을 걷고 있는데 파랗게 바다가 펼쳐졌습니다. 나는 만돌린을 안고 해변에 누워 있었습니다. 추워서 노란 모래 사자 입 안에 다리를 집어넣고 잠들었습니다.

 네, 깜빡 잠자는 꿈을 꾼 게지요. 놀라 눈을 떠보니 내 머리는 낯선 사람의 어깨 위에 놓여 있네요. 한 번도 만난 적 없는 사람의 구레나룻에 닿은 머리칼. 누군가 우릴 보면 먼 데 도망하는 연인쯤으로 알겠지요.

 어쩌죠? 후다닥 고개 들고 미안해요 말해야 하는데 이 언저리, 무릎까지 빠지는 모래 언덕에 내 이마를 대고 조금만 더 잠들지 몰라요. 당황한 듯 굳어 있는 더운 베개가 이토록 설레는 꿈을 준다면.

 모르는 사람들이 내릴 때마다 기차는 울며 흔들립니다. 심장의 박동 소리가 시끄럽지 않아야 할 텐데. 지진을 감지한 박쥐가 입 안에서 기침이 되어 터져 나오려는 걸 꾹 참습니다.

 다시 눈떴을 때 나는 혼자 긴 등받이에 기대어 있

길 바랍니다. 구멍 난 희뿌연 의자에 손가락을 벌린 채. 닿지 않는 건반을 두드리는 환청, 발소리가 들리고 해사한 햇살을 가르는 동굴을 지나 그림자들은 해변으로 흘러갑니다.

서머타임

발목은 시들어간다
걸음을 낭비했다
위세척을 하고 넌 더욱 고통스러워하고
여름이 제일 추워, 나는 없어질 거야
너는 눈물을 흘리며 웃지만
해가 뜰 때까지만 같이 있어줄게
풍선을 불어줄게
날아오르다가 터지겠지
꿀벌은 꽃잎 속에서
고양이는 나무 위에서
너는 내 무릎을 베고

아니, 널 따라하지 않아
왜 남은 날들을 신경 써야 하니
잘하려니까 심장을 멈추고 싶잖아
난 일광을 낭비할 거야 날 낭비할 거야
낮에는 커튼을 치지
많이 걷지 않고 버스에서 곧잘 자

뭘 찾으려고 넌 거기까지 갔었니

내 모닝콜은 거슈윈의 자장가
내일 못 일어나도
여름은 살기 좋은 계절
여름은 죽기 좋은 계절
그럴 리 없지만
물고기는 수면 위를 날고 목화는 익어가는데
아빠는 부자 엄마는 멋쟁이
그러니 아가야 울지 말아라

유령 시인들의 정원을 지나

#1

어느 날, 이곳에 늙지도 젊지도 않은 여자가 나타났습니다.

#2

그 여자는 할 말이 하나도 없었습니다. 만약 입을 연다면 두더지 같은 잡설만 튀어나와 풀밭의 여기저기를 쑤시고 다닐 겁니다. 그녀는 배가 고프지 않고 단지 피로합니다. 공식 행사는 자정에 있습니다. 모두 다 서로에게 관심이 없습니다.

#3

뒤뜰에는 욕조가 있습니다. 작은 새가 그려진 커튼

으로 둘러싸여 있습니다.

#4

  여자가 수건에 비누칠을 시작합니다. 말라비틀어진 비누, 순서가 틀렸잖아. 팔을 뒤로 뻗어 천천히 블라우스 단추를 풉니다. 색깔에 반해 사는 게 아니었어. 착 달라붙은 청바지도 잘 벗겨지지 않습니다. 발목에 감긴 팬티를 털어내리다 바위를 걷어찹니다. 발가락을 쥔 채 주저앉아 심호흡을 합니다. 땅바닥은 차갑고 욕조의 가장자리도 차갑습니다. 고무마개를 찾으러 크고 뚱뚱한 거미의 발을 잡고 꽃나무 아래를 돌아다닙니다. 머루랑 다래는 없습니다. 간신히 맨홀 뚜껑만 한 마개를 들어 올려 욕조 구멍에 끼우자마자 다리를 쭉 뻗고 누워봅니다. 다만 고적합니다. 천천히 수도꼭지를 비틉니다.

5

물이 나오지 않습니다.
마른 욕조에 누워 시를 씁니다.

6

 우르르 유령 시인들이 몰려와 여자의 종이를 찢어버립니다. 종이만 찢었을 뿐인데 여자의 가슴에서 피가 흐릅니다. 욕조 안에 핏물이 고입니다. 유령 시인들은 종이에 대고 협박합니다. 자신의 시를 모방했다고, 갖은 기교 범벅 비스킷 같다느니 뭐니 벽돌로 여자의 머리를 빗어줍니다. 칭찬은 아닌 것 같은데 기분이 좋아집니다. 이상(李箱) 옆에서 김수영이 사랑에 미쳐 날뛰는 날을 이야기합니다. 전 당신들을 닮을 생각도 없고 오마주도 모르는데요. 우리는 영원히 무한히 우리를 배신하여…… 입에서 두부만 한 핏덩이가 쏟아집니다. 가만히 보니 오래 묵은 자의식과 낭패감 따위가 묻어 있습니다. 초라한 절망으로는 충분히 가벼워지지 않은 근육들이 핏물에 자유롭게 꿈틀거립니다. 여자는 잠에 빠지듯 혼몽합니다. 몸이 조금씩 빠져나가갑니다. 스르르 욕조 구멍에서 빠져나가 다른 세계로 흘러갑니다. 모든 수치와 장난, 인연으로부터 먼 세계로 나아갑니다. 기고 있지만 날아가는 것 같고 유령들과 한패가 된 듯도 하지만 동물들의 울음을 이해합니다. 용감무쌍하지 않고 나약하지 않습니다. 아무래도 절반 죽은 것 같습니다.

#7

이모네 근처 키노쿠니야 서점이 있는 건물의 화장실에 쓰러져 있었습니다. 일 년 내내 무더운 도시의 길거리에서 책을 오래 읽는 건 위험합니다. 태생적으로 스스로에게 반한 여자는 유령들이 자신을 모방하는 것에 질렸습니다. 눈 나쁜 사내와 팔짱을 끼고 오래 산책했습니다. 그는 거리의 싸구려 화가였고 아무데서나 키스하는 걸 좋아했습니다. 하루속히 미래로 사내는 사라져야 합니다. 여자는 그의 안경을 엘리자베스 산책로 쓰레기통에 던져넣고 시구절을 주웠습니다.

8

급하니 빨리 빨리 빨아

9

그녀가 만난 유령들은 광인들에 가까웠고 초년에 자살한 사람들이 많았습니다. 어쨌든 간에 지상에는 없는 아름다운 언어로 욕설을 했고 어쩔 수 없을 정도의 연민에 가득 찬 눈으로 번번이 여자를 떠나보냈습니다. 어쨌든 자살하지 말라. 노란 4H연필로 노트 첫 장에 글씨를 씁니다. 유령 마야코프스키의 것인지 바하만의 것인지 모르지만 슬쩍했나 봅니다. 결백하기 위하여 모순투성이의 인간이 될 것입니다.

10

깊은 잠에서 깨어난 듯합니다. 관(棺)에서 일어나듯 욕조에서 나와 여자는 물을 뚝뚝 흘리며 전화를 겁니다. 한국으로 가는 비행기 편을 알아보기 위해 교환원에게 신경질을 부립니다. 그녀는 엄마를 좋아하진 않았지만 싫어하지도 않았는데 위독한 엄마는 딸을 따라가지 않겠다고 억지를 부립니다. 이모부는 대놓고 성가셔합니다. 도덕적 우열을 따지는 엄마. 봐라! 너도 더럽잖아, 네 아버지와 똑같지 않니?

11

 버림받은 어린 딸이 엄마를 찾아가는 것은 별이 뜨는 이유와 같습니다. 그렇다면 시를 쓴다는 것은 무슨 까닭입니까?

12

 세상에 대한 수많은 질문을 접고 쓰고 있는 것에 대한 기대를 덮었습니다. 그녀의 일생은 해결해야 하는 그 무엇이 아니라 있는 그대로 존재하는 그 무엇 너머…… 솔직히 잘 모릅니다.

13

 모든 것은 변해가지만 아무것도 변하지 않은 날들입니다. 오히려 더욱 외롭고 춥게 더더욱 허무하게 손전등을 켜고 유령 놀이를 합니다. 텅 빈 광장에는 교활한 침묵뿐. 운이 좋아 들어온 고모라 같은 이곳에는 엇물리는 이상한 시간들이 있습니다. 포용의 복도도 삼빡한 연애나 우정의 비상구도 없습니다. 매일 문장이 탈주한 자리엔 얼음이 깊어지고 매캐한 연기가 끊이지 않습니다. 하루 끼니를 겨우 해결한 우울한 바보 여자는 유령들의 정원을 내려다봅니다. 거미줄을 걷어보면 거울 안의 욕조에 심장의 묘비에 때가 많이 끼었습니다. 결국 그녀는 그 여자가 어디 있는지 못 찾습니다. 사실 여자라기엔 애매한 실존입니다. 둘 중 하나는 유령입니다.

유니폼은 싫어요

내 포옹 속에서 그녀는 변해갔네 사자로, 뱀으로, 물과 불로*

진양호까지 뛰쳐나온 사자가 반바지 입은 소년을 깨물었대 우리가 그 코딱지만 한 동물원에 소풍 나갔을 때였어 아저씨들이 나를 숲으로 데려가 돌아가며 혓바닥을 휘돌렸지만 그들의 등에 새겨진 뱀 문신을 보지 못했지 나는 얼굴을 봐야 했거든 나중에 뭐가 되려고 쯧쯧 둑이 무너지고 파도가 보육원 지붕을 휩쓸 때까지 나는 내 몸에 걸레질을 하고 있었지 뭐니 쌍둥이 세쌍둥이 낄낄거리며 아기들이 나오고 자꾸 나왔어 한 시설에 살면 모두 식구란다 할아버지 입에서 도마뱀이 나와요

약간 치사하다는 생각을 했어 수입이 짭짤할 텐데 그런대로 괜찮아 할아버지의 빌딩에는 아는 언니들이 모여 있어 찍소리 못하고 사자로, 뱀으로, 물과 불로 변해가지 8월이 지나고 9월이 6월은 12월 늦어도 11월에는 교과서를 떼라 거스름돈 내줄 정도만 알면 되는 거야 나는 무시무시하게 재빨리 외웠고 올리비아 핫세를 닮아가는데 왓 이즈 유 쯧 노래하고는

유치하게 할아버지는 내가 너무 잘해서 처음이 아니지? 좋아라 하다가 입 닥쳐 뭐가 되려고 이러니 집 안일은 밖에 나가서 말하는 게 아닌 법이야 기껏 키워놓았더니 경찰서나 들락거리냐 나는 할아버지의 입을 막으며 뱀으로 변해가네 사자 물불보다 변신이 쉬운 걸로 흡혈귀가 되는 방법은 마법 책에 없었네 천사들은 고작 인생을 찬미하라 두려워하거나 근심하지 말라 순경도 안 입는 유치한 유니폼을 걸치고 고무 동력기 같은 걸 쥐곤 불화살이니 뭐니 씨부렁대기는

* 소포클레스, 「아킬레스의 찬미자들」 중에서.

나무 위의 식사

난 그믐달이 뜨자마자
잠옷 바람으로 폴짝 나무 위에 앉는다
나뭇가지들이 겨드랑이 새로 치마 밑으로 뻗쳐
따갑다 나는 들어 올려진다
나무가 방해하지 않았다면 더 높이 솟구쳤을 것이다
가느다란 가지에 다리가 하나 없는 철제 의자를 올려놓고
무성한 그림자의 나를 훌훌 벗어가며
유리창 너머 잠든 당신의 방을 들여다본다

해는 달 쪼가리도 밀어내고 새빨갛게 떠올랐다
숙달된 거짓말쟁이 거인의 혓바닥처럼 나불거리며
정원엔 죽은 새 떼들이 검은 날개로 스스로를 덮고 있다
나는 그들이 무슨 짓을 하든 내버려둔다
목격한 것을 증언하기엔 지쳤고
공중에서 있고 싶은 만큼 있다가 내려갈 뿐
잠옷을 펄럭거리며 아침 식사를 한다

매달린 건 온통 의심스러운 블랙 푸드다
한 개 정도의 유머가 필요하다
훌쩍 아래쪽으로 날아가 가까스로 걷는다

헬렐레할래

드문드문 가로등이 켜진 새벽길을 걸어요
왼쪽은 야산에 복숭아밭이고
비스듬하게 오른편엔 저층 빌라가 서 있네요
막다른 곳은 갈아서 으깬 감자 구름 속
내가 어디를 가고 있게요?
저녁 무렵부터 비가 내렸어요
가늘고 조용한 비에 외투는 무거워졌고 머리가 뜨
거워요

크리스틴이 작업실을 빌려주고 여행을 떠났지만
술을 먹고 나는 가방을 택시에 두고 내렸어요
열쇠도 없고 주머니에는 동전 몇 개
이런, 공중전화를 찾았지만 아무 번호도 생각나지
않아요

뱅뱅 돌고 있어요
숲 속도 아니고 성벽이 있는 시가지도 아니죠
물론 걷기는 싫죠 그렇지만 걸어야 할지 몰라요

일렬로 줄을 서서 어딘가로 가려고 하는 가로등 불빛을 봐요
이들 중 불 꺼진 가로등의 양철 기둥과 나 입체적인 구름 둘
기둥을 잡고 맴돌지만 깊이 판다고 해서 가방을 찾을까요
편한 걸 제쳐놓고 목 길고 조이는 스웨터를 입었어요
털실의 운하를 따라 머리를 통과할 때마다 해, 괴한, 꿈을 꾸고
헬렐레하는 사이 춤을 추던 인형들은 시계 속에 갇혔죠

저런, 나이 먹을 만큼 먹은 남자가 비틀비틀 걷다가 꺽꺽 우네요
잠바를 말아 쥐고 바닥을 힘껏 때리더니
이게 뭐냐고, 너 나한테 뭐라고 그랬냐, 다시 말해봐
깜짝 놀라서 나는 주변을 두리번거려요

덜컥 된서리를 맞고 난 담타기를 당하지만
언제나 헬렐레한 리듬 속에서 불가시선을 느껴요
날은 다 새려는데 죽은 가로등이 주춤주춤 켜졌어요

지정석

 손전등을 비춘다 안내인이 불빛으로 가리키는 좌석에서 웅크린 사냥개의 송곳니가 번쩍인다 나는 시꺼멓고 미끄러운 계단을 더듬어 올라간다 보르조이인지 그레이하운드인지 모를 개의 주둥이를 잡고 힘껏 벌린다 재빨리 방석만 한 혓바닥 위로 엉덩이를 밀어 넣는다 축축한 입김으로 데워질 때 나는 꽉 끼는 허벅지가 불편하다 피 묻은 의자에 맞춰 살점이 뜯겨나가면 조금씩 자리를 잡아가는 것이다 오른쪽 옆 좌석에서 어깨를 친다 벽난로 아궁이에서 얼굴만 내민 남자가 구두 좀 치워달라고 부탁한다 철썩거리는 파도 소리가 들리더니 사람 머리만 한 꽃들이 떠밀려온다 오렌지색 머리칼의 여자가 꽃다발을 높이 들고 숨을 헐떡이며 나의 왼쪽 옆 자리로 기어오른다 역한 냄새가 나는 꽃이 내 코에 멧비둘기처럼 앉는다 양쪽에 위치한 여자와 남자는 나를 넘어서 대화를 시작하고 육구 형태로 포옹한다 나는 뭉개졌으며 개의 뱃속에서 조금씩 졸린다 누가 보낸 초대권이었는지 언제 연극이 시작될 것인지 아님 끝난 지 오래된 건지 생각하기조차 귀찮아진다

여드름투성이 안장(鞍裝)

셔터 내리고 있는데 누가 기어들어왔다
내 자전거와 부딪힌 승용차 주인이다
나의 안녕을 묻기 위해 퇴근길에 들렀단다
약간의 가슴 통증 외엔 괜찮다고 말하자
천만다행입니다 나를 걱정해주는 보험사 직원 같은 아버지 같은
그가 가져온 상자 백 퍼센트의 순수 원액 어쩌고저쩌고 올라가는 내 책상
이름이 책상이지 무릎 담요와 운동화 칫솔 따위가 있고 쭈뼛하게 사전이 있다
백 퍼센트 말이 되는 거짓말같이 다시 가슴 부위가 저려온다
여기 유방과 쇄골 사이 손바닥으로 눌러주면 조금 낫는 듯하다
교통사고와 연애는 후유증이 더 무섭다고
내일은 병원에 가보라며 남자가 아픈 데를 주물러준다
호호 불어주다가 애도 아닌데 침을 발라대기 시작

한다
 한 세트의 유리병들이 위태롭게 부딪히는 소리를 내고
 십이 간지 꾸러기 수비대와 몬스터 만화책이 자빠지고
 과일을 사라며 고래고래 고함지르는 행상인이 지나가고
 얼떨결에 심드렁한 개처럼 남자는 내 치마 아래로 기어들어간다

 삐죽삐죽 뻐드렁니가 튀어나온 안장 위에 다리를 벌리고 앉았다 손잡이를 뿌리치고
 오르막길을 달려간다 페달을 돌리면서 살짝살짝 음핵을 비벼주는 게 자전거 타기의 묘미다
 쿠션 좋은 산악자전거 타고 바다 위를 날아가는 꿈은 꾼 적 없다
 철공소 골목 안 자전거 대여점의 낡고 더러운 자전거를 타고 신나게

달리다가 사과 꽃잎이 달려드는 동사무소 화장실에 엉덩이를 까고 앉아
 젖은 신문의 펼쳐진 면을 거들떠보며 볼일을 봐야 하는 일이 생긴다
 그때보다 지금 여기서 오줌을 누는 게 멋지겠다고 생각한다
 싼다 정말이지 화장실이 급했다
 문 여는 시각에 맞춰 병원 가려면 한시라도 빨리 출발해야 한다
 지린내 나는 안장을 뺀다
 안장이 없는 자전거를 타고 골목을 지나 기차가 다니지 않는 철길과 종탑을 아슬아슬
 나는 폐수로 꽉 찬 구름의 상수관을 마구 달린다

이바지

물건을 떼서 돌아온 네가
자작나무로 만든 책갈피를 꺼내며 러시아 광활한 숲을 이야기할 때
손님들은 망가뜨리지 않고 나무의 색깔을 고르고 냄새를 맡았다
자고 갈 거라는 사람을 훔쳐보며
난 책을 읽고 있었다
바닷물에 젖은 적이 있고 실용성이라곤 전혀 없는
아빠는 재작년에 장가가셨다
누가 내 팔을 꼬집었다
불에 달궈진 쇠구두를 신은 여자가 춤추는 대목이었다
살며시 주방 레이스 커튼 뒤 쪽문을 열고 나를 데려갔다
누가 누구를 질투했던 걸까
나는 검은 모래 해변에 엎드려 책을 읽고 있었다
원문과 전혀 다른 번역판의 병적으로 활기찬 구절이었다

민물과 바닷물이 만나는 곳이었다
물살은 나에게로 자작자작 뻗쳐왔다
여러 겹의 파도에 싸여 있던 광폭한 물고기가 내게 스며들었다
누가 누구에게 이바지할 수 있었을까
여자와 둘이 살았을 때 매일 밤 우리는 한 침대에서 잤다
나의 식구, 동료, 말벗, 엄마라는 역겨운 이름으로 늘 빈약한 저녁 식사 후 책 속의 수프 그릇을 핥았다
긴 여행에서 돌아온 내가
같이 늙어갈 수 없는 네가
서리 내린 자작나무 숲 긴 의자에서 머리를 빗겨주었다
깊숙이 빗을 꽂았다 숲이 사라졌다
방문객들은 정치(定置)한 이바지를 나눠 먹고 축배를 제안했을 것이다
넌 그들이 돌아갈 때까지 나를 책이 있는 방에 가두어놓았다

그러곤 깜빡 잃어버린 지갑을 찾았다는 듯 감격적
으로
나를 꺼내 끌어안았다 일러바치지 않을게
최대한 여리게 보이려고 나는 조금 웃었다

인도차이나

 엄마는 절단기로 떡을 썰어 차곡차곡 나에게 담는다
 쇳덩이도 거뜬히 소화시킬 나이잖니
 흰 고물과 누런 가래 거무튀튀한 떡도 척척 붙는다
꿀떡꿀떡 삼킨다
 나는 국제적인 속도로 발육한다

 엄마는 떡을 썰고 나는 글씨를 쓴다
 불을 끄고, 엄마는 떡을 썰고 나는 글씨를 쓰고
 홈을 판다 등판에 쓰는 일이 가장 원만하다
 나도 잘 모른다 뭐라고 써야 하는지
 얼빠지게 재빨리 쓰는 게 중요하다

 두 놈은 혀를 찼고 한 놈은 세 번 머리를 찼다
 인도차이나, 덜 다듬어진 노래의 제목
 별안간 길에서 떡 되는 게 가장 재수 없는 죽음이
라고
 불충분한 사람들은 여백이 남는 것을 참지 못했다
 쪼그라들 때까지 많이, 하세요, 움츠려져서 헬로,

하세요
　제가 할게요, 되돌아온 답례로

　불을 끈 채 날마다
　철판 보자기 속에 노랑 쥐들이 서로를 핥을 때
　태양의 기중기는 놋쇠 시루를 찍어 흔들어댄다
　오, 불내도 불타지 않는 컨테이너여
　나는 수완을 발휘하여 비뚤비뚤 쓴다
　여기, 제발, 불쌍한, 이 모녀를

쿠마리

나 어때? 못 봤다. 머리맡의 쓰레기통에 버린다. 오늘 밤 나는 그것을 버리고 춤춘다. 죽은 아이를 위한 파반.

나는 어때? 부스스 조명에 비춰본다. 머리를 쥐고 흔들어본다. 흠집 하나 없구나. 나는 맹수들의 동굴 속으로 그것을 던져 넣는다. 손을 씻고 춤춘다. 킬링 트랙이 없는 싱거운 공중에서.

다시 손에 땀이 나고 피가 돌고 내게도 뭔가 먹을 게 필요해졌다. 사람들은 날씨 이야기를 하고 공익을 위해 술잔을 부딪친다. 날 밝기 전에 닭이 울었고 두 번 울었다.

해 뜨기 전 우리는 침대에서 일어나 서로의 안부를 묻는다. 확실히 부인하기 위하여 관심이 필요하다. 널 못 보고 어떻게 살아갈까? 작년에도 넌 이렇게 말했지.

이거면 충분해? 춥지 않겠어? 나는 아이에게 외투를 입히고 엉덩이를 두드려준다. 다시는 집으로 돌아오지 마라.

나는 내 사타구니에서 가장 건강하고 가장 어여쁜 아이를 꺼낸다. 이번에는 악다구니를 써도 안 빠진다. 피를 흘리는 나는 인격도 신성도 없고 공익도 없다. 제발 울어봐라, 바위여! 죽을 힘껏 밟아야 하는데 안전벨트를 안 맸다고 잡는다. 화가 난 나는 다른 노선의 이야기를 할 뻔했다.

정말 이야기를 듣고 싶니? 이곳의 전통과 제도에 관한 얘기를 들려줄까? 어서 나오렴, 영특하고 사랑스러운 내 아가! 나는 너를 버리려는 게 아니란다. 어떻게 내가 널 보내고 살 수 있겠니?

둘 중 하나는 살 수 있나요? 아니, 출혈이 이렇게

심한데, 보호자는 없습니까? 이 지경까지 뭐 한 겁니까? 초경 전까지 시를 썼고 피가 나자 시로부터 나로부터 박탈되었고 그 이후로 나는 완전히 미친 것 같아요. 의사는 마취 주사를 놓자마자 미친 여자를 안는다. 깨기 전에 어른이 되기 전에 의사여, 창부와 공창이며 왕들이여, 너흰 몇만 번이나 이래야겠니? 자궁에 입술을 대고 사라진 사원의 창가에다 닭 울음소리를 질러야겠니?

  날이 밝기 전에 다시 어두워진다. 골짜기마다 백합화 피고 울지 않는 아이들은 사원을 가로지르는 강물 속에 잠긴다. 변두리 병원의 지붕에서 까마귀들이 배달 그릇을 덮었던 신문지처럼 차분해지는데, 나는 지금 어디쯤 있나? 내 침대는 나를 사랑하여 자꾸만 날아다니고 헤어지자 하고, 흩날리는 가루여, 꿈이라면 깰 텐데.

  죽었다고요? 그런데 손가락으로 똑바로 깜깜한 델

가리키고 있는 넌 누구니? 우리 만난 적 있는 것 같은데, 눈을 비비며 나는 내 구멍 속으로 기어들어간 꼬마를 쫓아간다. 속이 넓다. 굉장히 환하다. 두 눈이 멀어버려 새까만 눈동자를 주워 이마에 붙인다. 시뻘건 벽돌 사원에서 사람들은 박수를 치더니 나를 신으로 추앙한다. 나는 왕의 볼기짝을 때리기 시작한다. 절대 돌아오지 말랬잖아.

나 이뻐? 아이는 분통을 엎질러가며 요란하게 화장한다. 어린 나는 예쁘게 치장되었다. 무곡은 흐르고 나는 긴 트랙을 돌아 검은 커튼을 통과해 검색대 위에서 멈췄다. 사원의 까마귀들이 달려들어 내 눈알을 파먹는다. 나는 날지 않고 걸어서 머리 꼭대기 소각장으로 돌아간다.

푸른 수염의 마지막 여자

내 열쇠는 피를 흘립니다 내 사전도 피를 흘립니다 내 수염도 피를 흘리고 저절로 충치가 빠졌습니다 내 목소리는 굵어지고 주름도 굵어지고 책상 서랍의 쥐꼬리는 사라졌습니다 소문대로 난 일 년의 절반을 지하실과 지상에서 공평하게 떠돕니다

나의 눈에서 물이 흐릅니다 한쪽 눈알은 말라빠졌습니다 두 다리의 무릎까지만 털이 수북합니다 음부의 반쪽에선 피가 나오고 오른쪽 사타구니엔 정액이 흘러내립니다 백 년에 한 번 있는 일입니다만

하하하 농담 그냥 여자도 남자도 아니고 죽은 것도 산 것도 아니라는 말을 요즘 유행하는 환상적 어투로 지껄인 겁니다 말도 하기 귀찮다는 예 바로 그 말이죠

자자 내게 제모기와 쥐덫은 그만 보내시고요 이가 들끓는 가발도 처치 곤란입니다 도려서 얹어놓은 과일들 이 모든 쓰레기는 충분해요 머리맡에 양초든 향

이든 피우지 마세요 죽겠네 정말 꽃 무더기 따위 묶어오지 말라니까요

죽은 장미가 그랬죠 너는 아름답구나

지금은 뼈만 남은 늙은이와 놀다 쉬는 참입니다 매일 한두 명과 그러고 그러지만 어떤 날은 여자 애들이 한꺼번에 들이닥쳐 정신이 나갑니다 공동묘지로 허가 났나요 전기가 끊어지고 수도관이 막힌 지도 한참 됐어요 하긴 정신 차린다는 말의 뜻도 모르지만 제발 축언은 닥치고요 축복도 그만 좀 주세요

지하실엔 매달 공간이 없답니다 정원에도 파묻을 자리가 없구요 누군 나더러 불러들였다는데 제 발로 찾아와 발가벗는데 난들 별수 있나요 공평하게 대할 수밖에

내게 없는 걸로 주세요 가령 고통이니 절망 허무랄

까 뭐 한 번도 경험하지 못한 사전에만 있는 그 말뜻이 통하게요 안 될까요 그럼 견딜 수 없을 것 같은 흔해빠진 문구를 써먹을 수 있는 상황이랄까 혹은 질투라는 단어에 적합한 대상을 보내주세요

  누가 봤을까요 나도 날 못 봤는데
  그러나 나는 아름다워요

망한 정신병원 자리에 마리 수선점을 개업하기 전날 밤

 그는 나의 작업실로 슬리퍼를 끌며 들어왔다 두꺼운 코트 자락과 부츠가 벗겨질락 말락 하는 제 그림자를 붙잡고 소동을 피우는 바람에 내 머플러만 한 권태가 쓸려가는 줄 알았다 나는 모자를 벗으며 최대한 무신경하게 인사한다 인상은 상관없고 의상이 구겨지지 않길 바란다 여길 찾느라 이 폐허가 된 도시를 샅샅이 뒤졌어 무슨 간판들은 쓸데없이 수두룩 빽빽한 거야? 그는 내게 부츠를 집어던지려다 안 벗겨지니까 멱살을 쥐고 몇 대 갈긴다

 난 무척 기분이 좋아졌고 그를 눕히면서 그의 몸에서 쓸 만한 물건을 모두 벗겨낸다 빨간 스판 팬티를 쥐고 안 놓는다 아무리 다급해도 흰 가운을 갈아입던 의사들이 있었다 새끼 의사까지 죽었기 때문에 모든 약물은 뒤섞여 있다 살균실의 잡균들이 도시로 유입된다며 몇몇 과학자의 방문을 받았지만 일 분 뒤의 제 주제도 모르는 머저리 지구의 종말을 걱정하는 쓰레기들을 재빨리 치웠다 이따가 이 건물의 간판을 떼

고 옷장을 열고 생전에 누가 입었던 옷인가 라벨을 붙일 것이다 나는 늘 기운이 없고 지금도 말할 기운이 없으며 여기까지도 그림자에게 업혀 왔어 왜 계단은 비비 꼬여 있고 당신의 입가는 왜 이리 불그죽죽한 거야? 나는 그에게 계속 투덜거리도록 유도했고 그는 나의 얼버무림을 기뻐한다

그가 다른 병원에서 받아온 약들을 먹이고 꿈이라는 불모지의 한가운데로 이동시킬 것이다 그는 곧 꿈속에서 꿈꾸지 않기를 기대할 것이다 천재 배우답게 그의 입술에는 기관총이 붙어 있다 숨을 쉴 때마다 아상블라주한 총알들이 몸의 모든 구멍에서 셔벗처럼 흘러나온다 이런 걸 신경 정신이라는 거요? 나는 늘 침울해 전쟁터는 없고 총알만 있으니 재미없어 나를 어디다가 쏴버려야 하는 거지? 혐오스러운 나의 일생 이쯤에서 끝낼 거야 무언극 개발 프로젝트 이윤이 남아 계속하려는 사람들과 책임을 완수하려는 사람들 깡통을 차고 시비를 거는 사람들 사이에서 나는

도망치려고 난리도 아니지만 날개란 걸 꿈꿔본 적 없고 그래서 가끔가다 날아다녔지 히히히 허구한 날 사라져버리면 얼마나 지겹고 시시하겠어 내 몸은 천하절색 내 생각은 영악하고 불순하지 실수하지 않는 한 고백에는 진심이 없고 행위에는 진정성이 없고 어떡하면 일 안 하고 먹고사나 궁리 중이야 오죽하면 너도 천 조각에 뭘 쓰고 있겠냐마는

자자! 시작할까요? 나는 손바닥을 싹싹 비비며 제안한다 지긋지긋하고 구태의연한 진술은 들을 필요도 없으니 내버려두는 게 제일이다 제 그림자와 결투하는 놈한텐 이만한 질액도 생리액도 잘 안 들을뿐더러 내가 홀리아 할아버지와 결혼할 때처럼 처음부터 그의 고환을 긴장시킬 필욘 없다 나는 그들을 분석하려는 재미없는 짓거리를 그만두고 임종의 옷들을 전시할 작정이다 날아다니는 가죽 벨트도 있고 걸치면 죽게 되는 방탄복도 있다 한꺼번에 나는 수백 벌의 원피스를 껴입고 수천 켤레의 구두 위에 장갑을 겹쳐

끼우고 깊은 모자를 눌러쓸 것이다 자 그럼 천천히 똥구멍을 벌리세요 어어어 귀는 펄럭거리지 말고 혓바닥을 깨물고 최대한 불행했던 때를 생각하세요 아니 웃으면 어떡합니까!

키득키득 키르케고르 일기에는 이런 문장이 있죠 어떤 신앙심 깊은 작가가 쓴 책에서 읽은 적이 있는데 전설에 따르면 그리스도가 어린아이였을 때 성모 마리아가 옷을 한 벌 지어주었는데 그가 자라자 옷도 함께 자라났다고 한다! 그가 마리아 마니아라면 서랍장 속에도 시체들이 빼곡했겠지 이리 와봐

그가 내 혀를 잘라 먹으며 똥구멍을 과도하게 벌리는 바람에 통쾌하게 어릴 적을 떠올린다 나는 발가벗겨진 채 죽은 지 오래되어 나는 흰 티셔츠를 찾아 커다란 옷장 안에서 나는 어딨어? 나는 더듬더듬 큰 소리로 무언극 대사를 주고받는다 몇 차례 경련이 일어나더라도 모자 따위가 일그러지는 건 피해야 한다 그

는 모든 연기를 다음으로 연기하자고 나를 설득한다
나를 찾아온 것을 후회하며 자신을 자신의 옷으로부
터 추방하지 않기 위하여 필사적으로 버티고 있다고
울부짖는다 마침내 오 하느님 나의 새침한 여신이여
그는 무릎을 꿇으며 나를 파고든다 그가 미쳐서 값비
싼 신발과 모자를 찢어버리지 못하도록 나는 나를 내
버려둔다

드러머와 나

다만 따뜻한 미음을 담은 주발이었다면

누구였을까
영혼을 툭 치고 건너간 이는
창가에 소녀가 동그마니 앉아 있었다
자그마한 그릇이 데워지고 있었다
빈 그릇은 해를 향해 입을 벌린 채 배를 주렸다
어제 저녁부터 단식을 선언했고
그것은 부조리한 저항이었을지 모른다
한 사람은 막대기로 위협했고
한 사람은 머리채를 쥐고 흔들었다
소녀는 눈물을 흘리지 않는다
오, 울게 하소서

우리는 정말 사랑하지 않았을까
그녀가 눈을 감았을 때
5월은 미끄럽고 주전자는 윤이 났다
한 사람은 후추 통을 흔들고 있었다

몇 사람이 놋쇠 그릇을 긁고 있었다
식탁 위로 올라가 발을 구르다
소녀는 노래하기 시작했다
풍성한 머리칼이 자라는 그릇은 울기 시작했다
그릇된 노래는 부르지 마라
막대기로 때리고 문지를수록
소녀는 진동했고 발작에 가까웠다

다시 생겨날 당시의 용도로 돌아갈 수 없었다

침묵의 복원

1

 군인이 사흘 먼저 사라졌고 세 명의 형제들은 순차적으로 죽었다
 철공소 골목 안 국숫집을 나와 학원 가는 길 불똥을 피해 벽에 붙었다 계집앨 붙들어 매고 이튿날 대낮까지 절단 낸 낯익은 용접공 형제들과 그들의 군복 입은 친구는 찬물을 끼얹어가며 쪼가리를 공평하게 분배했다 누군가 계집애를 구성했던 이마 위로 눈부신 망치를 쳐들었을 때 내리깔리는 흰자위에 천공의 쇠공이 불을 뿜으며 재빨리 날아와 박혔다

2

 증인 없는 사건을 수습하듯 일행(一行)의 일은 자연스럽게 연결되는 시간의 응징이라고 말하지만 실상은 사멸을 향해 출발하며 나는 파격적으로 균형 잡

헌 피와 살의 추상(抽象)

  발바닥의 모래 알갱이가 묵직해지면 난 성벽을 빠져나와 죽은 새들의 해변을 지난다 불결한 생리대 같은 구름이 찢어지는 숲길을 스쳐간다 방아쇠에 탐닉하는 손가락들과 가면들이 걸린 사형대와 강간범들의 웃음소리 지반을 흔드는 군인들의 행렬을 통과한다 나는 하찮은 국경을 하찮게 넘는다 다큐멘터리를 찍는 부르주아 여성운동가의 셔터 소리 이 소리는 왜 이리도 관능적인가

  으으으 제발 그만 환기 없이 지나가버려라 비장하게 웃긴 이따금 잊어버린 것들 지나가버려라 용접하려는 기억에서 수복하려는 캔버스에서 복구하려는 해발 육백 미터 민둥산 묘지에서 쏟아지는 것들 아랑곳없이 종합적으로 볼 때 종합은 없고 작년 오늘 날아가버린 시 파일도 없고 증거도 없다 악마와 맺은 계약이 갱신되지 않기를

3

 사무라이들은 어떻게 죽을까 고민하고 나를 모르는 후배가 상을 받고 나도 그를 모른다 제5도살장 고양이 요람의 작가는 일주일 뒤 죽을 것이며 밥 딜런의 밥 밴 모리슨의 밴 결별하기 어려웠던 것들 지겨워 낭독의 발견 처음부터 지겨웠다 후배 이름을 밝히지 않는 나도 지겨워 김이듬을 나라고 말하는 너는 이듬이랑 영락없니? 개한테 꺼지라고 전해 유치하게 피처링 말고 네가 불러봐라 노트북 자판에 북어포 부스러기를 흘리지 않으려고 나는 잠깐 뒤로 빠진다 이 참에 양념 없는 나물 접시와 거추장스러운 수저도 먹어 치운다 심지어 북서풍이 불 모레 18시 정각 목 졸려 죽을 젊은 시인이 채 쓰지 않은 시까지 시시하게 읽어 치운다 미친 척하고 크게 낭독해도 아무도 안 듣는다

4

 우스꽝스럽게도 식구들은 빠개진 내 뒤통수에다 경례 아니 절을 하며 눈가를 약간 실룩거린다 억지로 붙여놓은 쇠파이프같이 그들은 순순히 둘러앉는다 아까 내가 먹어치운 음식들을 양푼에 쏟아 붓고 새엄마부터 비비는 사이 내가 눈까풀을 비벼대고 쇠공을 이리저리 굴려보는 사이

 아버지가 방으로 건너와 슬며시 내 무릎 위에 쭈그리고 앉는다 한참 한 손으로 제 페니스를 만진다 씻지도 않은 이 손으로 이미 켜진 내 노트북을 뭐 하러 또 만지작거리는지 무슨 바이러스 감염됐나? 아님 그년이 모조리 삭제해놓고 뒈졌나? 되살려서 유작 시집인가 뭔가 만들어 팔면 푼돈이라도 좀 될 텐데

제2부

일요일의 세이렌

다독여 모셔놓았던 눈사람을 냉동실에서 꺼냈습니다. 그땐 왜 그랬을까요? 모든 독신자와 모든 걸인들과 모든 저녁의 개들에게 묻습니다. 가르쳐주시겠어요? 이 허기는 살아 있는 동안 끝날까요? 늦봄, 양손에 쥔 한 덩이씩의 눈을 주먹밥처럼 깨물며 이상한 사이렌 소리를 듣습니다. 댐이 방류를 시작합니다. 강가의 사람들은 신속히 밖으로 나가주십시오. 진양호 댐 관리소에서 알려드립니다. 사람들은 들었을까요? 내 방은 강에서 멀리 있는데 물 빠진 청바지 같은 하늘엔 유령들이 득실거립니다. 가르쳐주세요. 눈사람처럼 내 다리는 하나로 붙어 광채를 띤 채 꿈틀댑니다. 나는 어느 바다로 흘러갈까요? 혼자 그곳에 갈까요? 손바닥에서 입에서 흘러내리는 이것이 한때 머리였는지 몸통이었는지 아무것도 아니었는지 나는 왜 지금 막 사라진 것들에만 쏠릴까요? 부르면 혼자 오시겠어요?

부속 건물 실험실에서

맑은 정신으로 실험에 착수한다 가운을 입고 비누 거품으로 손목까지 씻어냈다
 죽은 새에게서 혀를 잘라내고 죽은 물고기의 부레를 뜯어내고
 죽어가는 엄마의 산도로부터 나는 탈출할 것이다

맑은 정신으로 책을 읽는다 이 페이지는 앞에서 잘린 어미와 부합하지 않지만
 그것을 기반으로 스스로를 형성한다 봄이 오면 검은머리방울새는 시베리아로 간다
 재작년부터 지도를 펼쳐두고 그가 여기로 돌아오기까지의 이동 경로를 측정한다
 어떤 새는 개별적으로는 찾아가지 못하지만 무리에 섞이지 못했고
 아무도 그가 사라진 줄 모를 것이다
 무관함의 부력으로 나는 날아간다

그는 짧은 혀를 가졌고 복잡한 문장으로 이야기했다

주어는 생략되었고 나는 특히 조사의 세밀한 차이에 신경 쓰며 들어야 했다
그를 이해할 수 있는 획기적인 방법을 발견했을 때 나는 경악했고 지하실을 폭삭 태워버렸다

맑은 정신으로 노래를 부른다
마지막 레퍼토리는 선창했던 목소리를 끌고 가 쥐어뜯기를
처음과 끝이 한결같이 추하거나 고귀한 것은 없었다
새와 물고기는 상했고 유채색의 꽃들은 징그러웠다
실험실 선반 위에 엄마는 확실한데 그는 누구였더라 아빠의 지문과 흡사한
그들은 춥고 어두운 환경에서 작황이 잘된다 나는 얼어붙은 오줌을 받아놓는다

바깥으로 나가고 싶은데 엄마는 힘을 주지 않고 있다
이마에서 콧방울까지가 입구에 나왔으면 찍어서 꺼내라고 동료가 소리쳤다

아기 고양이의 입과 귀를 거즈로 닦는다
나는 홍조를 띠며 거울을 본다
크림을 섞은 약을 먹고 머리가 맑아졌다

커다란 눈동자

폭우가 쏟아지더니 정전되었다
연꽃 모양 방석 위에 나는 개구리처럼 앉아 졸고 있었다
요즘 세상에 정전이라니
누군가 여러 번 혀를 찼고 누군 또 초를 찾느라 분주한 것 같았다
바닥은 수심 깊은 저수지처럼 출렁이고
동생들이 벽으로 들락거렸다
생신을 맞은 새 아버지께서 한 말씀을 꺼낸 중이었고
참치 회 입천장 살이 녹고 있었다
밥상 아래로 기어들어가 누웠다
폴짝 뛰어올라 천장에 붙어 있는 기분이었다
어두워지면 개구리와 새들은 무슨 생각을 할까?
울음을 터뜨릴 듯 하늘을 쳐다볼까
일순간 세상의 모든 조명이 환히 켜져서 꺼지지 않는다면
나를 둘러싼 모든 것들이 확연해져버리면
덩그렇게 사라진 내 눈동자는 어디에다 초점을 맞추고 있을까?

자화상은 지겨워

 하지만 도로 가져가세요 이번에도 진짜인지 아닌지 구별 안 되잖아요 표면이 정말 살결 같지만 또 검정색을 너무 많이 칠했군요 이걸 팔이라고 붙여놨습니까 이렇게 뒤틀리고 깡마른 노파만 고집하는 당신의 취향을 후원자는 늘 탐탁잖아 합니다 당신 스스로 만든 이상하고 거북한 포즈를 버리지 않는다면 미래는 없습니다 석고가 녹아내리는 게 아니라 약물을 지나치게 하다 보니 물감 살 돈이 떨어졌겠죠 늘상 거울도 없이 만들지 말고 당신 손으로 당신을 확인하며 완성시키세요

 서점 건물 지하 갤러리에서 나는 밖으로 나가기가 두렵다 몸통으로 들어가려는 머리를 빼기 위하여 엄마를 내려놓는다 엄마 귀는 소음 속에서 펄럭인다 따라 나오겠다며 데굴데굴 굴러댔더라도 컵에 넣어두고 올 걸 그랬지

 화요일까지 조각을 완성시키지 못하면 대출받으러

가야 한다 아니면 엄마가 죽을 것이다 하지만 분석해
보자 나에게 후원자가 있었나 엄마가 있었나 어린애
를 안고 가던 여자가 흘낏 나를 쳐다보더니 큰길을
가로지른다 고함을 지르기 전에 나는 내 몸에 살이
돋아나게 할 것이다 흙더미를 실을 수 없다고 택시
기사는 악을 쓴다 이제 곧 할증 요금이 붙을 텐데

나무나 나나

 나무가 보는 시점에서도 지나치게 나무가 많을까, 이 시절은 새로운 떨림도 없이, 오 침통한 노을이여, 거리에 서 있는 침울한 존재여, 나무나 나나

 혼자 종일 술을 마시던 카페도 사라졌다, 은행으로 바뀐 옥상이 있던 옛날 집과 돌아가는 간판과 착상 안 되는 불면의 거리, 옮겨지기 전까지 당분간 이곳에서 나무나 나나

 나무에게 기억력이 있다면 이 나무 또한 앓으며 서 있다, 어느 날 아침 마주 보던 나무들이 뽑혔고 넓어진 도로 위 자꾸 사람들이 죽는 자리, 제 검붉은 잎사귀로 그림자로 뒤덮인,

 이제 다른 나무에 기대어 나무가 보는 거리를 본다, 내 주위에는 언제나 어떤 종류건 나무가 있었다, 다른 뜻은 없다, 우두커니 서서 태어났던 곳의 다른 용도를, 한편으로는 떨어지는 것들의 전형을 아무 궁

금증 없이 응시하는,

    길가의 나무가 섬세하고 창백한 뿌리를 침통해한 다면, 시선을 돌리고 난 후에 남아 있는, 복잡한 과정을 거친 후에 뭔가가 되고 싶지 않은,

    나무나 나나 나무였던 것의 이후에 관해 아는 바가 없고, 나는 하나를 결정하고 모든 것을 포기하려 했던 시절을 넘어왔다. 미루였는지 양버들이었는지 몇 그루의 나무들 속에서 폭우 속에서 장엄이라는 단어를 떠올린 적 있으니 이 부질없는 시여, 벌레들의 집과 흘러내리는 수액이 성가신,

    비스듬히 서서 품종과 자생지를 모르는 나무에 붙은 종이 한 장, 잃어버린 개를 찾습니다. 나무만 이 자리에 두고 가는 게 미안하지만 잃어버리는 방식이 다른 우리가 사는 길이라면, 나무나 나나.

태양 아래 헐벗고

1. 부러진 살

우산이 하나 있었다 펼쳐졌을 때 창피한
뙤약볕 아래 우산 하나가 펼쳐져 있었다 해변에
인파 속에서 옷이 벗겨졌다 우산에 얼굴만 가려진 채
어린애가 뭐가 부끄럽냐고
새엄마는 내가 얼마나 조숙한 앤지 몰랐다
바닷물 속에 숨어 있었다 우산 위로 어둠의 폭우가
쏟아질 때까지
느리게 인파가 물러가고 느리게 아름다운 파라솔
이 접혔을 때
파도 속에서 나를 닮은 이상한 소녀가 출현했다
흰 날개 달린 신발을 신고 파도 위를 돌기 시작했다
흰 말을 타고 알몸으로 백사장을 천천히 돌기 시작
했다
나는 토했고 소녀가 삼켰다
내가 삼켰고 소녀는 토했다
우산이 하나 있었다 새파랗고 조그맣고 살이 부러진

2. 닦은 뼈

깡마른 여자 애가 목재상 문에 기대 있다
한 손으로 해를 가리며 다른 손으로 겨드랑이를 긁는
아이는 부산을 더러운 도시라고 말하며 지나치는
여자를 본다
구름은 산과 산 사이 잠겼다 떠다니고 끈적거리는
바람에 부푸는 물집
태양을 내 멋대로 꺼버릴 수 있다면
코를 실룩이며 해를 가리고 사타구니를 긁는
아이에게 돌아온 여자가 팔을 뻗어 얼굴을 들었다
가 놓는다
기다렸어요 엄마 만져보세요 옮지 않아요
새로 온 엄마는 고무장갑을 끼고
캐러멜 색 연고를 온몸에 눈에도 발라준다
그리고 중얼거린다
뭐에 반응하는 알레르기인지 몰라도
짠 바닷물에 푹 담가 소독해봐야겠어

부치지 않은 편지

수술만 끝내고 나면 모르는 데로 가자 히치하이크해서라도 나를 데려가겠다고 약속했잖아요 붕대를 푼 축구 선수는 뚜벅뚜벅 나를 지나쳤고 나는 당신이 낫는데 일조한 나를 주사 바늘로 찌릅니다 주사실에 초록색 약병은 수두룩해요 참혹하지 않아요 난 어젯밤에 죽은 소녀의 옷소매를 펄럭이며 계단을 오르고 있어요
늦어도 올해 안에 말하려고 합니다 추워 보여서 손을 잡았던 건 아니고 그저 파문 없이 서로를 본다면 사랑하지 않고 지내는 거니까 처음 한국의 수도가 좋아진 때였죠 피로연이 열리는 골목을 못 찾아서 횡단보도를 다시 건널 때 불이 바뀌지 않길 달리는 차에 조금 부딪히길 바랐던 건 인정해요
정말 당신이 입었던 스웨터를 촘촘히 생각합니다 흉터가 있기 전의 얼굴은 미웠어요 음력 달력은 한 해를 두 번 시작하게 하고 난 처음을 놓쳤고 두번째에 맞춰 마지막 인사를 합니다 늦어도

올해 안에는 해명하고 싶었죠 그렇지만
뭘까요 죽지도 않고 아프지도 않고 단지 슬플 뿐
모두 설 쇠러 떠났고 나도 어디로 갈 생각이에요
발등으로 차를 세우고 모르는 곳으로 갈 거예요
해가 떴으니 안대를 껴야 합니다 정신을 차리고
나면 문은 밖에서 잠겨 있고 무시무시한 대낮은
지난 후겠죠 아무리 애를 써도 이곳 현지 시각으
로 지금 상황으로 나는 맞춰지지 않습니다

바바야가의 오두막

 손가락을 내밀어보아라/여기 있어요 오동통 살이 오른 목련 가지 손가락들이 나무들이 담장을 넘어가요 창살을 넘고 초소 아래로 언 땅을 헤쳐 가고 있어요/

 네 손가락을 보잔 말이다/무릎을 꿇고 손가락 깍지 끼웠으니까 잠깐만요 당신도 넘겨드릴까요? 주변의 집들과 다를 바 없이 주저앉은 동굴이지만 큰 돌이 만든 천장의 환기구를 통해 내 자매 동부레기 망아지 장끼 능소니가 아직 들락날락하거든요

 당신은 나의 보스 우리의 추장 피골이 상접한 채 화려했던 웨딩드레스를 입은 노파 뜨거운 돌멩이 수프에 퍼덕이는 박쥐 날개를 찍어 먹는 소녀 참혹한 사랑의 노래를 밤새도록 부르는 지겹고 지겨운 애인 나의 팔다리를 뚝뚝 분질러 씹어 먹는 사투르누스

 그래요 가끔은 물건으로 변신하죠 평화의 난로와 전투를 좋아하는 빗자루 무덤을 휩쓸고 온 부족의 시

체를 싹싹 치우고 불태웠다가 다시 살려내는/

　손가락에 몽우리가 잡혔으니 이젠 거의 자랐구나 넌 참으로 교활하고 더할 나위 없이 순결한 밤의 아이야 나의 초원을 뒤덮은 독초야 별들 사이를 떼어놓고 나무를 쓰러뜨리는 소용돌이지 너를 데리고 봄의 언덕으로 가마 그 언덕 아래 아버지의 피가 강물로 흐르고 무쇠로 만든 상자 속에서 너는 은박지처럼 바스락거릴 테지 이 자루를 풀어보렴 다른 너를 낳았다/

　새로 태어난 나는 또 딸이잖아 새하얗게 센 머리털의 갓난애 인디언 처녀처럼 풍만한 당신을 업고 나는 철거촌의 벽돌 아래 불타오르는 숲을 어떻게 견뎌야 할지 모르겠어요 나와 당신은 멸망하기 쉬운 종족 모든 짐승의 새끼들은 어디로 갔을까요 우리는 한 벌의 드레스에 몸을 감추고 철렁거리는 시곗줄에 네 개의 손목을 묶고 되풀이되는 계절을 싸우지만 막막한 거죠/

어서 손가락을 내밀어보아라 꽃이 핀 가지는 네가 아니다 군인들이 죽음이 너를 데려가기 전에 먹어야 기운을 차리지 여기 젖을 빨아라 한껏 네 유방을 추켜들어 물고/

왼손잡이

 나왔다가 하루 만에 돌아가던 길 내 운동화는 배고픔에 끌려갔다 이파리 없앤 가로수는 무성한 회초리들 채찍들 버릇을 고치겠어요 약속하고 얻은 외투가 살갗을 터지게 했고 무서운 초경을 불러왔다 나는 외투에 덮인 채 한나절 담벼락에 기대 있다가 하필 제일 예쁜 꽃나무에 토사물을 쏟고 가는 술주정뱅이의 발을 걸고 달아났다 정말로 해가 지는 쪽은 그 운동장 뒤편이었을까 철봉을 몇 바퀴 돌다 박쥐처럼 매달려 있으면 지는 해도 없이 널빤지만 한 석양만 남았다 찰랑찰랑 동전들이 머리 위로 떨어지고 발바닥 위로 희끄무레한 달이 뜰 즈음 나는 십 원짜리를 주워 모아 봉헌할 게 있는 소년처럼 보육원으로 돌아갔고 숟가락을 오른손으로 바꿔 쥐며 눈치를 살폈다 오른쪽 손은 의수 같아서 촛불에 데어도 빨리 못 피했다 원장 아버지가 선창하는 찬송가 책을 넘기면 왜 모든 책장은 불편한 방향으로 넘겨야 하는지 왜 모든 시계와 문고리까지 반대로 돌아가는지 정말로 천치와 악마들은 모두 왼손잡이일까

잘못을 저지르면 청소 당번이 되어 밤에 공식적으로 나갈 수 있다 진흙 더미 같은 달빛을 질척거리며 성벽을 지났다 무시무시한 균형감이 지탱해주는 쓰레기를 끌고 투기 금지 구역에 내 이름표를 폐기했다 동전을 훔치듯 숨겨놓은 왼손으로 일기를 쓴다 들키면 비틀릴 손목은 왼쪽으로 이어붙이고 싶은 단어들처럼 눈치를 볼 뿐 이 사소한 진행 방향 뒤로 더 뒤로 다시 어떻게든 방에서 나왔으나 갈 데가 없어 물가에서 마른 빵을 뜯었다 나무에 주렁주렁 매달린 시체들 째지는 티셔츠 살을 주고 외투를 얻었다 그 옷은 뼈를 파고들거나 녹아내렸고 나는 한나절 복도에 앉았다가 나와 옷에 짓눌려 길바닥에서 쓰러지곤 했다 말라빠진 팔을 늘어뜨리고 어쩐지 어쩐지 어쩐지 제기랄 거울 속의 계집애에게 특활반의 프랑스어로 중얼거리고 있었다
 철봉에 박쥐처럼 매달려 있으면 움푹 팬 석양 너머 널빤지만 한 바람이 불어왔다 찰랑찰랑 동전들이 머리 위로 떨어졌을 때 나는 봉헌할 게 있는 소녀처럼

보육 시설로 돌아갔고 그날 하루는 손등으로 초를 쥐는 것 같았다 악마가 읽어주는 성경을 암송했다 켜두고 잠든 난로가 고장난 지 오래된 게 아니었다면 내 속에서 타던 네가 불멸했다면 이미 밤이었을 때 땅으로부터 끌려나오지 않았을 텐데 몇 줄 바꾼들 기억은 불투명한데 오른손과 왼손을 바꿔 써본들 볼펜은 잘 안 굴러가고 식초 몇 방울 떨어뜨린 대야 뒤로 좀더 뒤로 와 아직 습관이 안 들었구나 내 노련한 공은 원장 아버지 글러브 안에

안나 오*의 진료실

 해변에 바짝 붙여 집 짓길 잘했어 밤이 되면 발코니 너머 파도가 밀려오지 넌 새까맣고 하얀 의복 고스란히 어떻게 여기까지 올라왔니? 혼자 왔니? 제법 기특한걸 소로본에서 가져온 잡지처럼 한 번 보고 휙 팽개치기 쉬운 것들 좋아 좋아 무표정한 이방인 주황색 머리칼을 쓸어 올리며 허둥지둥 발가벗는 동작은 고통에 넘쳐 나도 모르게 너를 당겨 낄낄낄 구름 위를 날아갔으니 천장을 부수지 않고 착륙하기도 전에 라디에이터 옆 죽은 토끼처럼 희멀거니 나를 응시하는 너를 다시 안아줄까? 꼿꼿한 채 죽고 싶니? 뭐 좀 먹을래? 히힝 갸륵해라 넌 양상추와 프랑스 수제 소시지까지 래핑해왔구나 그보다 젖을 좀 빨아봐 놀라운 묘안이 떠오르듯 두려워질 거야 아이 참 소음 방지기의 소음 같아 으으으 소리 내지 말고 제발 조용히 좀 해라 다시 할래? 기복이 작은 파도와 깨진 창문에 들러붙은 비닐 소리가 들릴 정도로 숨을 참아볼래? 헐떡헐떡 네가 날 찔렀다 뺐다 그러면서 왜 네가 죽는 시늉이니? 칫솔 자루만큼 침낭의 우모처럼 얄

곽하게 요 눈동자보다 작은 머리통을 입 안에서 굴려 줄게 아아아 그만 사랑해 귀에 못이 박히도록 내 생애 모든 애인들은 엉망진창의 자막 번역 같은 편지나 휘갈겨 보내더니 파도 속으로 뛰어들었지 뭐니 나를 꼭 껴안은 채 조마조마하니? 돌아가고 싶니? 바빠 쉴 새 없어 문 닫을 시각이야 여섯 번 이상 배 위에 손바닥에 가득 쏟아내 봐 막상 창문을 열고 보니 어리둥절하게 우박이잖아 사정이 여의치 않아 쫄깃한 너를 깨물어줄게 솔깃하니? 정신 차려봐 우리 둘이 이글거리는 바람 속으로 졸리니? 아무튼 눈발 같은 정액 따윌 뿌리며 환호성 치며 날아가는 걸 누가 볼 수 있겠어? 치즈 수프 같은 걸 핥아 먹기 좋아하는 귀신의 착란으로 여길 테지 코피 나니? 숨 넘어갔니? 오오 입 맞춰줄게 금방 되살아날 위험이 없도록 한숨 자고 내일 두 시에 다시 와 세 곱절 재밌을 거야 야한 생각을 끝없는 우울을 칭찬할게 그러나저러나 최고의 환자 지그문트가 오긴 올라나?

* Anna O(가명): 지그문트 프로이트의 첫번째 분석환자.

오토릭샤맨

릭샤가 소 떼를 만났을 때 뭔 할리우드 영화 제목 같지만 음, 소는 신선하거나 신성했다 릭샤를 몰던 남자는 내게 조금만 기다리라고 말했다 음, 당신의 편의를 위해 난 한국어로 번역한다

소 때문이 아니라 연료가 떨어져서 릭샤는 멈춘 거라며 난처해했다 음, 내가 당신을 본 순간 딱 멈춰섰던 이유와 흡사하다

그 남자는 나를 뒷자리에 남겨두고 어딘가로 마구 달려갔다 난 꼼짝 않고 춤추는 청동 소녀와 코끼리의 모형이 있는 진열장으로 목만 빼고 쳐다보았다

먼지가 흑설탕처럼 흩어지지 않았다면 그 많은 사람들이 먼지 속을 죽어라고 걷고 있지는 않았을 것이다 코를 뚫은 여인이 아기를 안고 다가와 외상값처럼 돈을 요구했다

음, 햇살이 작살이 머리를 쑤셔댈 때 나는 입을 헤벌리고 움직이지 않는 춤을 추면서 뜨거운 바람이 주는 돌멩이 설탕 수프를 마셔대고 있었다 음, 바자르의 이상한 탈것에서 탈진해 죽는 거 아냐 내려야겠다

고 결정했다

   그때서야 릭샤맨은 헐떡거리며 나타나더니 난전의 물을 들이켜며 웃었다 음, 저 천진한 얼굴 그는 무슨 체리 주스 같은 게 반쯤 든 병을 내게 내밀었다 음, 이걸 마셔야 하나 내 연료가 아니라 멀리서 사온 기름이라고 말했다 릭샤야 어서 달려라

   또 어디서 멈춰버릴지 아무도 모르는 릭샤와 남자와 나는 인파와 소들과 택시들 사이를 활보했다 음, 음, 더 나열하자면 비루하고 그리울 그 모든 것을 뚫고 다리를 건너 기찻길을 넘어 중앙선도 없고 신호등도 없고 아스팔트도 없는 뻘밭을 지나 음, 다다다다 달렸다

   음, 나는 당연히 멀미를 했고 게스트 하우스에 도착했을 때 저녁이 왔다

   설핏 자다가 밖으로 나와 보니 그 릭샤맨이 릭샤와 함께 거적을 깔고 잠들어 있었다 음, 음음 소리를 내는 그는 소보다 신성하거나 신선하게 꿈의 개흙 길을 누비고 있는 중일까

항상 엔진을 켜둘게*

엔진이 켜져 있었다

 심야 우등버스의 승객은 달랑 나 혼자 "손님 하나 태우고 출발하긴 하나요?" 등받이 뒤에 숨어 김밥을 우물거리는데 "오랜만에 타셨네요." 운전사가 말을 걸고 "저, 저 말입니까?" "우리 말고 누가 있나요?"

 "지지난 주말에도 이 버스 타셨죠?" 내가 며칠 전 같은 시각 같은 자리에서 김밥과 우유를 먹었다고 저 기사는 말하고 있는데 그가 본 그녀가 나였을까? 네가 알고 있던 모든 게 나였을까?

 "한숨 자둬요, 도착하면 깨워줄게요." "저, 혼자 타고 가니 미, 미안하네요." 나는 백미러를 통해 그를 보려하지만 보이는 건 내 얼굴뿐 "아무도 안 탔더라도 출발해야 했고 이 막차가 내일은 거기 첫차거든요."

 "처음이야, 떨려." 너는 라이트 컨다면서 와이퍼

를 움직였지 "난 처음이 아닌데, 괜찮지?" 그때도 지금처럼 라디오에선 이 음악이 나왔던가? "기다릴게 언제라도 출발할 수 있도록 항상 엔진을 켜둘게" 나는 여기 있는데 단 한 사람 자기만 태우고 강물 속으로 그 운무 가득한 내리막을 달려간 후 넌 왜 다시 출발하지 않는 거니?

* 델리스파이스의 노래 제목.

레터 나이프

이것은 내 몸속에 내장된 생체 시계

이것은 담연, 뿌연 안개 혹은 눈과 입술의 물기
기껏해야 벽이 헌 내장조차 거부하는 유동식

마음에 들지 않는 붉은색과 초록색 물감을
팔레트에서 씻어버렸어
점점 다 씻어내게 되더군
음식 쓰레기 배출기 앞에 입을 벌린 고양이
달빛이 범벅된 하얀 코
아마 너는 아름다웠다고 말하겠지
훌륭해 살아 있구나
난 이제 그림을 그리지 않아
다시 올지 모르지만 너무 피곤해
속옷을 빨아놨어 안녕

열쇠는 넣어두던 화분 속에
육체의 시계는 쿨럭쿨럭 장난스럽게 맴돌다

늦은 시간의 적의, 마지막 초연을 향하고
뭘 먹을 때마다 나는 품위가 없었어
밤의 계단에 앉아 죽도록 웃었던 적이 있었나

기껏해야 이것은 한 번도 부친 적 없는 편지
이것은 부쳤더라도 되돌아와 할퀴어대는 고양이
우스워, 몸속에 내장된 시계 소리
난 볼 수 없겠지, 창백하게 눈감긴 내 예쁜 얼굴

혼돈

  마당이 있는 빵 가게에서 냄새만 풍겨 나왔네 며칠째 파란 문에는 개업 준비 중 마름모꼴 종이가 붙어 있었는데 그때 왜 난 喪中이라 읽어버렸을까 내부가 궁금해서 나는 자전거를 끌고 들어갔었지 두리번거렸네

  보수 공사는 거의 끝난 듯했어 가루 포대 옆에 넌 반죽을 뒤집어쓴 채 쓰러져 있었지 조리 기구들은 반짝거렸고 내 마음은 눌렀다 뗀 계량기의 눈금처럼 마구 흔들거렸어 불평하고 싶었네 너도 긴 머리를 늘어트린 여자 애라니

  나까지 가스에 취했었나 봐 하마터면 둘이 실비아 플라스 흉내 낼 뻔했지 뭐니 만나자마자 말이 통했어 너도 그랬니? 설명서가 필요 없는 재료들처럼 마음대로 쏟아져 반죽됐지 피아노가 그려진 커플 컵에 커피를 담아 우리가 만든 마들렌을 찍어 먹었네 아 먼 곳의 냄새

문을 열어둔 채로 어딜 간 거니? 온몸에 꿀벌 시럽을 바르고 숲으로 갔니? 프랑스에 간다더니 그게 아니었네 우리가 이내 떨어지는 밀반죽 인형 같은 거니? 이러려고 요 며칠 온갖 분말을 뒤집어쓰고 매 맞은 아이처럼 엎드려 있었구나

 냄새를 잊으라고 목소리를 잊고 온몸을 잊으라고 반죽은 말라가나? 심장은 딱딱해지나? 그러나 나는 남았네 체념을 불태우기 위해 태양은 필요 없지 가스 불 켜고 환풍기를 틀어 망설임의 힘으로 식빵이 부풀어 오르듯 내게 남은 약간의 온기와 빈약한 빛으로 충분하네 지금 내가 그리로 갈게

바싹 마른 태아*를 해금으로 연주할까요

말총머리 아이가 쓰러져 있었네
두 어른은 서로 가지라며 언성을 높였네

부부싸움의 공백을 메우는
천진하고 날카로운 울음소리
끌 수 있는 데까지 나는 소리를 끌고 갔네

활이 좌우로 움직이고 있네
활은 간당간당 두 현 사이를 춤추고 싶네
활은 앞뒷면을 모두 사용하려 애썼다네

백화점 차고에서 아빠가 내렸네
한 개의 현은 멀어져갔고
멀어지는 것은 끊어지는 것보다 두려웠네
활은 줄을 포옹하고 연주를 계속하려 했네

공명통이 작았네
나는 코를 풀었네

꽉 닫힌 자동차에 팔뚝만 한 해금이 오그리고 있네
꿈꾸는 아이는 달 속의 푸른 공기가 모자란데

이번 주말은 엄마의 원룸에서 묵을 것이고
내일모레부턴 공평하게 보육원으로

그때 두 개의 줄은 무엇의 힘으로 농현했을까
누가 누르고 누가 떨었던가
말총머리 활은
천진하게 등과 배를 비비고 싶었네

* Embryons desseches: 에릭 사티 Eric Satie.

투견

강가 어슴푸레한 안개 속에서 나는 어딘가로 가고 있습니다
아시겠지만 큰 도시는 아닙니다
이곳에서 내가 태어나고 길러진 것도 아니고요
그래서 좋아했고 정도 들었답니다
제지 공장과 작은 학교 저수지와 컴컴한 하수구 공원 사이엔
투우장과 도박장도 있지만 근처 쓰레기통만 뒤졌을 뿐
떠나고 싶은 동물들과 떠나길 무서워하는 동물들 사이에서
나는 비탄도 기쁨도 없습니다
잠깐 멈춰준다면 풀밭을 뒹굴면서 항문을 닦고 주둥이도 문지르고 싶어요

미쳐버린 아저씨는 내 집과 나를 싣고 죽어라 달립니다
설마 사냥총을 쏘거나 다른 곳에 팔아넘길 리 없겠

지요
　새 주인의 맘에 들고 싶어 난 안달했던 겁니다
　피범벅으로 언덕 아래 뒤척거릴 때 내 모가지를 끌고 가
　면밀히 치료해줬고 먹을 것도 줄 것처럼 미소 짓더군요 슬쩍
　그의 애완견과 수많은 개들 앞에 나를 풀어놓기에
　죽을힘 다해 마구 급소를 물어뜯었죠 칭찬받으려고 컹컹 짖어댔죠
　싸워야 밥을 얻어먹기 시작한 게 언제부터였더라
　내가 그 순간을 알아챈다면 슬퍼하는 시늉을 하면
　치와와를 부르듯 이리 와 어서 목덜미를 어루만질지 알 수 없네요

합창합시다
——스승의 날

 어제는 담배 오늘은 귀걸이 우리들은 허벅지에 테이프로 붙인 커닝 페이퍼 윤나는 머리털 이런 거 다 빼앗겼지만 아아아 고마워라 자 합창합시다 악보를 읽을 줄 몰라도 공식적으로 소리 지를 수 있다면 무슨 노래라도 부를 수 있었다 이즈음이면 방화가 잦던 산 아래 학교였고 나무를 좋아했지만 숲을 피해 다녔다 나는 있는 둥 마는 둥 한 아이였다 잃어버리거나 압수당할 물건도 없었다 강당에 다녀오니 빈 지갑이 없어졌고 그날 주번이 바뀌었다

 붕괴 조짐이 보이는 옥상을 뛰어다녔다 제발 부서져라 부모님은 뭐 하시니 가정 방문 온 담임을 보고 새엄만 홀복처럼 찰랑찰랑했다 이브 몽탕 닮으셨어요 아버지는 밀수하다 또 걸려간 후였고 나는 신발을 구겨 신고 부둣가를 서성거렸다 몽땅 얕고 좁고 짧은 목구멍을 탓했다 다 합창하세요 아아아 보답하리 학교에 다녀오니 새엄마가 사라졌다 양복장이 홀가분해져 있었다 다음 날 담임이 결근했다

결손은 불어 제시문같이 낯설었지만 미지수를 소거한 후 답을 찾는 규칙과 그 부질없는 답처럼 정해져 있었다 합창하세요 아아아 선생이란 입만 벌렸나 소리를 내나 뚫어져라 쳐다보는 사람이었고 키 큰 학생과 구분하기 위해 붙인 이름이었고 부모와 견줄 만큼 이상한 사람들이었다 그들은 또 하느님처럼 절대 이해할 수 없었고 무조건 맞아요 하면 옳다고 대답했다

체육관 창가에 오래 붙어 서 있다 아버지가 먹다 던진 두부 같은 구름은 비와 옛날을 불러오고 마이크에 팅팅 불어 나오는 노랫말 소리는 십수 년 전과 변하지 않았다 아아 고마워라 천벌 같은 폭풍우를 좋아하지만 우산을 잊지 않는다 학생들의 것도 빼앗아 쓴다 이제 나는 선생을 이해하고 모자람 없이 결손되었다

보시니 좋더라

 움트는 고구마, 저 뿌리는 이젠 달콤하지 않잖아요. 여섯 시에 내가 다시 창문처럼 깨져봐야 시원하시겠어요? 제발, 그냥 내버려둬요! 나를.

 나에 관해 알고 싶지도 않겠지만, 유치하고 멍청하게 나는 씁니다. 이럴 때 난 제법 아름다워요. 챙 큰 모자를 쓴 노출증 시인처럼 지껄입니다. 나는 가혹하게 해줘야 겨우 자라는 식물, 거리 청소부도 본 적 없는 포스터, 비난으로 가득 찬 전화, 심심풀이로 그린 자화상, 전혀 나와 다르거나 닮을 생각조차 없는.

 이런 거짓말이 진심이라는 우연한 생각. 엄마처럼 되어간다는 재수 없는 기분.

 아빠 친구가 나를 만질 때, 보시니 좋던가요? 우연히 어른의 눈을 갖게 된 후 난 매일 쥐가 많은 지하실에서 그림을 그립니다. 매번 형광등 유리 마개를 밀어 넣어도 벌레들은 기를 쓰고 들어가 타는 냄새를 풍깁니다. 내가 스스로 빛을 끌 생각을 버렸을 때, 당신은 기어들어와 미쳐버렸던가요? 이리 떼가 달빛 아래에서 춤을 추던 밤, 그 놀이터에서 나는 둥그런 어항처럼 깨뜨려졌지만, 당장 가구점에서 버린 의자를 끌고 올 때처럼 꺾어서 나를 이 지하실로 데려왔었나요? 그렇다면 개인적인 편지를 써야겠지만, 당신도 동업자니까 여기 씁니다.

점점 사라져가는, 속임수를 쓰는, 오, 왕이여 아메바여! 당신이 주는 몽상의 알약도, 무의식의 카펫도 원하지 않습니다. 그 분량이 많은 꿈은 지긋지긋합니다. 나는 서서히 그 모든 것들로부터 단지 따분하고 졸립니다. 숨을 쉴수록 딱딱해져가는 걸 느낍니다.

광복절이 낀 연휴 마지막 날이었죠. 보지 않는 척하다가 나를 보시니 좋더라고요. 새 아빠 친구 팔에 새롭게 태어나서 가장 행복한 꿈을 꾸었어요. 눈알팽이를 돌렸는데 멈추지 않는, 그리고 빨간 오줌의 기간이 토마토 축제처럼 연중 터지는.

실종자

조심하시오
맞닥뜨린 후에는 이미 경고가 아니다

파도가 들끓을 때
나의 눈 속에 물이 끓고
마침내 두 손을 불 위에 얹는다
깜깜한 바위들의 구멍들, 비행기
대여섯 대 낮게 날아오는 동안
새 떼가 고요하게 바위를 뒤덮는 동안
우리는 서로에게 말을 걸려다 입을 다문다

구멍으로 만들어진 검은 돌을 넘었다
모래가 없는 해안으로
그곳은 바다가 왔다 갈 뿐 바다는 아니었다
그 아래엔 갯지렁이
마루 아래엔 들쥐
복도에서 복도로
파도에서 파도로

폭우가 쏟아지던 밤이었다
서로를 통과한 후 우리는 다른 곳의 사람이 되었다
바다에서 소금을 한 줌 주워 주머니에 넣는다
나는 그를 안고 바다 너머로 걸어간다

대피소의 나머지 사람들은 사라졌다
그들은 나를 실종자란에 기록했다

은행나무 여인숙

방으로 갈래?
너의 손을 끌고 방으로 가고 있을 때
눈꺼풀이 떨리고 있었다
숲은 적막하여
태양이 쏠리는 소리가 들렸다

이리 들어와
방은 타원형에 가깝고 천장이 뚫려 있다
거친 나뭇결의 벽에 나뭇가지들
서거나 기대면 다칠 것이다
그는 웅크리고 기어들어온다

백 년 전에 수백 년 전에는 살아 있었을
그리하여 절 뒤란을 누렇게 뒤덮었을
은행나무는 죽어서 동굴처럼 서 있다
잠시 우리는 자신을 만난 듯 부끄러워진다

누우면 다리가 밖이 되는 방에서

비어 있는 중심을 다 보게 되면 끝에 가닿을
아무도 찾을 수 없을 것 같은 방에 눕는다
뾰족한 하늘을 쳐다본다
텅 빈 가운데를 쓰다듬는다
죽은 새가 궁륭을 날아간다

서울 퍼포먼스

#1 고속터미널에서 첫번째 전봇대까지

막 내리려는데 번쩍 손 흔드는 사람은 뒤에 내린 사람과 포옹하는, 벌컥 문 열려도 담담하게 패션 잡지 보는 소녀의 터미널 화장실, 담배는 꽃집으로, 수강생 무료, 전봇대에 오줌 싸는 개를 우월하다는 듯 바라보는 고양이, 소리를 질러대던 아저씨 냅다 휴대전화를 던지려다 말고

#2 지하철 출구에서 노점을 지나

흡흡 들이마셔서 오래 참았다가 내뱉는 호흡법을 걸으면서도 연습할 것, 갑자기 트렁크가 열려 일회용 요일 팬티와 빗 스타니슬라브스키의 배우 수업 따위가 쏟아진다, 뛰어가던 회사원이 주워준다, 나는 그의 눈을 피해 천막 뒤로 돌아가고 떡볶이를 비비던 아줌마도 돌아간다, 잡채가 바퀴벌레가 돌고 지구는

원래 돌았다, 허겁지겁 프랑스인은 바캉스를 떠난다, 그의 빌라 냉동실에서 영아 시체 두 구가 발견된다

#3 노래방 근처 고시원

 젠장, 장사도 안 되고 애인까지 변심해서 노래방 주인은 불을 질렀다지, 계획적이었어? 우발적 방화였어? 뭣들 해요? 사건 현장에서 떨어져요, 마이크를 통해 변조되는 경찰관의 목소리, 불탄 고시텔을 지나 허름한 고시원에 한 달 계약서를 쓴다, 한 달 반은 안 되나요? 돌겠다,를 흘림체로 써서 서명을 대신한다

#4 대학로 연습실과 빗물 속

 어서 이 상황에 몰입해봐, 네가 아니라 실연한 여

자가 되는 거야. 그는 떠났고 너는 한강 다리 위에 있어, 어떡할래? 눈물을 글썽여봐, 제발 슬퍼하라니까, 연출자는 연출자의 캐릭터에 빠지고 불 꺼진 객석에는 관객으로 뛰어든 인물들, 시놉시스도 없고 실기 시험도 없다, 모든 것은 해프닝, 조명이 강렬해지자 나는 부스스 일어났다, 잠금 장치가 빠진 트렁크를 끌고 포장마차에서 낮술을, 의상을 질질 끌며 지하철을 탔다, 이번에 죽는 캐릭터는 배우를 지망하여 상경한 여자, 장면이여 금세 지나가라, 눈물을 짜며 오버한다

녹색 광선

 뒤로 주차 못하는 나는 핸들을 쥐고 쩔쩔매는 나는 더듬더듬 처음이 아니라고 또 거짓말했지 사랑에 취한 너를 집어넣었네 문을 잠갔네 웃다가 네 입술은 다물어지고 나를 파고들어 너는 사라지려 하네 너를 만지며 나는 달리지 너를 바라보며 너를 둘러싼 푸른 빛에 눈부셔 눈부시게 아름다운 저 가로수 달려가는 나무들 달리고 있는 평상 위의 노인들 우릴 가로질러 가는 멋진 갈색 승용차 획획 스쳐가는 차들이 조금씩 조그맣게 보여 짜릿하지 새하얗게 휘어지는 해안 도로 덮칠 듯 달려오는 트럭 내 손은 너를 놓지 못하고 너는 내 안에서 춤추는데 어디서 무엇이 우리를 멈추게 할까

제3부

이제 불이 필요하지 않은 시각

나는 겨울 저수지 냉정하고
신중한 빙판 검게 얼어붙은 심연
날카로운 스케이트 날로 나를 지쳐줘
한복판으로 달려와 꽝꽝 두드리다가
끌로 송곳으로 큰 구멍을 뚫어봐
생각보다 수심이 깊지 않을 거야
미끼도 없는 낚싯대를 덥석 물고
퍼드덕거리며 솟아오르는 저 물고기 좀 봐
결빙을 풀고 나 너를 안을게

추억은 파리

리한은 내 친구 보드가야에 살아요 자전거를 타고 개 집엘 갔었지요 우산을 든 채 체인을 돌리느라 자꾸 넘어졌었지만 한꺼번에 다는 못해요 첫번째 할 일은 미뤄두세요 보리수는 많았지만 부다는 출타 중이었고 순례자들은 쓰레기통에서 생선을 건지느라 개들과 한판 부딪쳤어요 아까 말했죠 넘어져서 무릎이랑 팔꿈치가 다 까졌더랬거든요 변두리는 평온해요 정적은 예뻐요 파리 떼 같아요 걔들은 상처에 모이면서 고약 연고처럼 쌓여요 쫓으면 다시 붙어 피고름을 빨아요

리한의 방에서 헤나를 했어요 허벅지에 물감으로 새를 그리려다 망쳐 쇄골에 보리수 묘목을 심었어요 안녕, 뭘 원해요, 내가 좋아하는 한국말쯤 알고 있었어요 영어랑 불어는 조금 더 잘했죠 한마디로 닳고 닳은 장사꾼이랍니다 굶주린 파리들은 정적처럼 까맣게 붙었어요 걔가 무릎을 덮는 바지를 줬어요 배낭에서 바나나를 꺼내서 깔까 말까 했어요 까자마자 파

리들이 까맣게 붙었어요

　리한은 내 친구 보드가야에 살아요 박물관 근처에서 골동품 가게에서 안녕, 뭘 원해요? 지금도 얼쩡거리며 가이드를 자청할 거예요 한마디로 닳고 닳은 장사꾼이지요 쇄골에 보리수는 지워졌지만 나는 그 나무 밑에 앉아 강을 낀 작은 마을을 바라봐요 부처처럼 좌정하고 있다가 허벅지에 고갤 묻고 냄새를 맡아요 깊은 추억은 쇠파리 같아서 물려 죽지 않으려면 조금만 생각해요 밀려오는 창작열을 누르고 개를 살짝 걱정해요 첫번째 할 일을 나중으로 미루세요 파리 같은 추억이 마음의 고름을 빨아요 개들이 설쳐 바나나 껍질을 깔 수가 없네요

안녕

다윈에 앞서 라마르크가 있었다
이 문장에 왜 빨간 회오리바람 표시를 해두었더라?
나도 서열과 위계에 목맬 때 있었나 보네

태풍이 불었고 저수지는 흙탕물로 깨끗해졌다
생리 주기가 완전히 바뀐 걸 확인한 날 아침
나는 물고기 도감에서 물고기 놓아주는 법을 찾고 있었다
버릴 방법을 찾다 치약을 삼킬 뻔했다

등 뒤에 감춘 거, 보석 상자 맞지?
고마워, 반지는 새끼발가락에 낄게, 집시들처럼
땅바닥에 키스를, 떨어진 것에 대한 연민은 없어
이제 출발할 거야 큰 모자를 쓰고

내가 확신하는 건
다시 누굴 만나면 똑같이 저지를 거라는 거
온몸에서 회오리가 맹렬히 몰려나가면

저절로 부츠가 내동댕이쳐질 거야

모란앵무새가 말하겠지 넌 평생 떠다닐 거야
난 모자를 고쳐 쓰며 입술을 내밀지
나 이전에도 골목의 아이들은
전우의 시체를 넘고 넘어 앞으로 앞으로
목청껏 불렀던 고무줄놀이 노래
그 무서운 가사를 몰랐던 사이, 당분간
너무 귀여웠을 거야

너 이후에도 난 책들 사이의 물고기처럼
급류에 떠내려가다 허공을 젓다가 어느 문맥에 꽂
히려나? 어쩌면
책장과 거울, 음악으로부터 멀리
더 빨리 가물거릴 밤들이 올 거야
그때까지가 영원, 이제는 안녕!

타블라

연주가 안 되는 건
나무못 때문인 줄 알았다
매듭과 쇳덩어리 때문인 줄 알았다

뺐다 잘랐다

어느 순간 나는 당겨지지 않았고
어느 순간 나는 버거워하지 않았으며
결정적으로 유연해졌다 장력을 잃었다

울지 않는 천둥의 날들이 간다

오후엔 몇 번 마른벼락 쳤지만
나는 객석에 앉아 산천초목을 듣는다

꽃은 꺾어 머리에 꽂고
잎은 따다가 입에 물어
날 오라 하네 날 오라 하네

가슴이 뛰나 만져본다
한 쌍의 작은 타블라를 튕겨본다
소리 안 난다 무감각하다

화장실에 고양이를 가두지 마세요

오늘 만난 사람은 좋은 사람
그녀는 말했어요
에단 호크는 배우만 했어야 했답니다

오늘 만난 사람은 좋은 사람
그는 말했어요
자신이 들고 가지 않으면 화장지를 가져다줄 사람이 없어요

파파야의 나이트클럽에 데려가준댔어요
몽환적인 신시사이저를 들려준댔어요
그는 죽었지만 좋은 사람이었어요
아무도 미워하거나 사랑하지 않았죠
우리들이 죽게끔 유도하거나 방치했답니다

오늘 만난 사람은 좋은 사람
인디, 리버럴리스트, 진보주의자
그들이 말했어요

오늘 만난 사람은 좋은 사람

오늘은 최악의 날
좋은 사람들을 많이 만난 날

막

 태어나는 일도 죽는 일도 어떤 먼 곳에서 오는 인간에 대한 복수일지 모른다*
 입술을 벌리네 깨진 유리잔에 내려앉는 파리처럼 너는 얇은 막을 핥았을 뿐인데 양복바지가 젖는구나 내 입술 사이에서 물고기 되어 헤엄치던 너는 막이 오르자 인형처럼 대사를 잊어버린 채 벌벌 떨지 마침내 넌 나의 예리한 혀에 찢기고 내 속삭임에 조종되는가

 먼 곳에서 오는 복수를 받듯 넌 내게 반했나 내 얼굴을 입문서처럼 대본처럼 잡고 몰두하는 배우여 오래 쓴 립글로스를 빨아 먹는 이 천진스러운 표정 너는 얼마나 깊이 네 속으로 가라앉고 있는가 기다란 키스에 눈꺼풀이 내려오는데

 농장 아저씨는 감자 밭에 마늘 밭에 비닐을 씌우네 투명 비닐 반투명 비닐 핑크색 수입 비닐 이 작업을 다 끝내면 일당을 줄게 흙이 싹이 숨도 못 쉴까 봐 나

는 몰래 구멍을 뚫었네 황무지였네 비가 올지도 몰라
아저씨는 나를 안고 마늘 냄새나는 주둥이로

　껌껌한 정미소에서 나왔을 땐 막이 사라진 후였지
한 여자가 울었네 그 관객은 혼자였으나 별들은 약
올리듯 반짝거리지 객쩍은 바람이 불고 극단 정미소
의 분장실은 변소만큼 좁아 우리는 남자 화장실에서
입 맞추었네 오 베이비핑크 루즈는 내 입술을 보호하
지 못하고 오오 나의 브레지어는 네 입술을 차단하지
못하고 미끈한가 스타킹 제기랄 나는 무엇으로 나를
감쌀 것인가

　죽어가는 동안만 살아 있는 우리는 죽일 것처럼 서
로를 핥아대는 우리는 닦으면 고결해지는가 그러고
싶은가 사랑은 어떤 먼 곳에서 오는 복수 렌즈 빼고
서로의 장막을 걷자 우리는 순결하게 섞인다 아아 그
러고 싶지만 또 다른 비닐이 필요하다 나는 커피 자
판기처럼 일회용 콘돔 자판기도 널린 도시를 설계한

다 막이 있어 우리는 초월을 꿈꾸지 않고 콘돔을 끼운 채 우리는 사라져간다 충실히 소모될 것이다 너를 사랑해 이 기막힌 재난과 함께

* 연극 「바다와 양산」 프롤로그 중에서.

사우나 잡념

최대한 나는 침묵한다 이런다고
뭐가 다른가
지나치게 풍만한 육질에 흑설탕과 소금 따윌 바르며
숨이 넘어가도록 수다를 떨고 있는 이 사람들과

우리는 같은 하우스에 다른 자세로 앉아 있다
두 명의 여자가 고스톱 치는 하우스
몇몇은 참견을 하며 오이를 분질러 먹고
막 냉탕에서 건너온 듯 아직 태연한 소녀가 내게 말을 건다
　어디선가 뵌 것 같아요
　내가 머리를 굴리느라 우물쭈물하는 사이
　벗겨놓으면 그년이 그년이라고
　불 앞에서 한 여인이 박장대소 넘어갈 때
　제각각 사소함을 대단하게 견딘다

달리는 집

차 탔다 출발하지 않을 것이다 내가 타고 있는 한
어떤 버스는 이미 돌아왔다
난 주기적으로 헌혈하는 사람처럼 보일 것이다

얼떨결에 팔목에 고무줄을 감는다
학교 동료들 모두 참전병처럼 비장하게 쓰러졌기 때문에
언어교육원이 폭격을 맞고 교정은 화염에 휩싸인다
나는 바벨탑 아래 불시착해서 비틀거린다
핏물을 뒤집어쓰고 광장을 마구 달린다
수혈과 동시에 이상한 영혼에 감염될 것이다

사람들이 나를 내려다보며 낄낄거린다
일어나세요 여기가 안방인줄 아나 봐
부상당한 병사는 어느새 출혈이 멈췄나 보다
왜 나한텐 영화 티켓 안 주는 겁니까?

주사기를 대자마자 나는 잠잠해졌고

헤모글로빈이 부족하대나 뭐래나
순간적인 기절과 참전과
누굴 위해 피 바치겠다는 갸륵한 착각을 지나
나는 버스에서 내려온다

차에 가재도구를 싣고 세상을 누비고 싶었던 땐
그런 게 없었고 지금은 뭐가 없는 거야?
헌혈 버스와 이동 도서관과 이동식 카메라 말고
아무 목적 없이 돌아다니는 것들과 함께
하드를 먹고 싶은 약골의 한여름이 간다

병자가 병원에 와서 죽듯이

 슬쩍 배를 쥐고 그는 사라졌다 희끄무레 대충 걸쳐 입고 헝클어진 머리칼이 상주처럼 슬픈 얼굴이다 저녁 시간에도 그는 나타났다 이번엔 훔쳐가지 않고 우물우물 말했다 먹을 것 좀…… 병원 관계자는 2호실 여자와 말싸움을 하고 있었다 장례식장이 죽은 사람 등쳐 먹을 것 같아요? 향불과 흰 국화 더미에서 나는 멀미를 했다

 거지 할아버지 팔을 붙들고 밖으로 나왔다 이 노인은 여기서 숙식을 해결한다고 말하며 웃는다 이가 없다 청천백일에 흩날리는 이 꽃잎들은 짐승의 이빨처럼 번들거리며 공기를 물어뜯고 있는데 노인은 히죽하고 합죽하다 눈에는 진물 흐르고 농포가 잡혀 있다

 한 무리의 사람들이 장례식장으로 들어갔다가 허둥지둥 나온다 피 흘리는 걸 보면 응급실로 잘못 알고 찾아든 모양이다. 어둠이 깔려 난립한 건물들이 무분별해지는 시각 벤치 위에 그럴싸한 상을 차리고

아까 그 할아버지 식사에 열중이다 굽은 등 위로 두꺼운 황사 바람 내려앉을 때 동동 벚꽃 이파리 띄운 소고깃국을 마시더니 능숙하게 모포 한 장 깔고 덮고 식탁 위에 눕는다 주검들이 장만해준 그의 거처에서 느닷없이 소리쳐 나를 부른다

 갑자기 망연하다 천천히 걸어서 도착해보면 저 어른은 나에게 무슨 이야기를 할까? 오늘따라 굽은 보도블록 사이에 끼지도 않고

어제의 만나 manna

가죽 가방이 생기면서 나는 자주 앉기 시작했다
꽃에 앉고 개미 위에도 앉는다
벌레가 나비를 끌고 간다

물가에 앉아 가방을 연다 강력한 자석으로 여며진 입구다
  기름으로 가득 찬 가방의 입구에
  심지를 일으켜 불을 붙인다
켜본 지 오래되어 나는 몹시 난처하다

시꺼멓고 오래된 더러운 기름이 필요하다
몽상가들의 나라로 들어가기 위해서는
그러나 이제 새 기름만 출렁이는 가방은
균형을 잡고 타들어가지 않는다
밝아지지 않는다

나는 가방에 집착했으므로 멀리 갈 수 없었다
배가 빵빵했으므로 먹기 시작했다

물가에 앉아 물속을 보는 일도 지루해진 저녁
개미가 나비를 끌고 가고
청소부는 나무를 흔들고 있다
내일치의 낙엽을 미리 떨어뜨리려고
어둔 나무를 발길질하고 연장으로 두드린다

소장(所藏)했던 하루의 허기가 가라앉으면서
내일 지불해도 좋을 세금 따위를 미리 대비한다
기름진 가죽 가방의 자력은 쇠붙이들을 잡아당기고
지하철 승차권이나 검은 기억의 바코드부터 삭제
하고 있다
난 언제부터 강 건너 앉을자리부터 살펴대기 시작
했을까

안드로메다 이수자

 작은 곰이랑 도마뱀이랑 훔친 부츠를 신고 학원 밑에 서 있었다 우리는 장비를 갖고 아리조나 천문인 마을로 가려고 했다

 얼마가 필요하니 내가 설핏 깨어 벽을 안으면 그대로 있어봐 뜨거운 햇살이 물어뜯는 창가에 한 시간 좋으면 세 시간 발가벗고 내선 전화가 울릴 때까지 나는 다시 아이디를 바꾸고 플래시 몹에 들어가지 않을 테다

 요지부동하는 감정과 보푸라기 먼지까지 투명한 시각 온갖 별자리를 당겨보는 살쾡이지만 항문으로 들어가는 것에는 실패했다 이자는 우리의 시삽이었다

 오! 가련하게도 괴이할 정도로 순진한 어린 도마뱀에게 갈릴레이식 망원경으로 전수하려 했다니

 술 마시며 이야기해본 결과 황소는 기린으로부터

백조는 독수리로부터 우리는 복학생들과 시삽들과 늙은 스승을 통해 흔히 말하는 인생의 중요한 일을 시작했다

 그 행위는 우리의 체질과 생활을 바꿨으나 누구의 일생 가운데 순교하거나 파괴적으로 되살아나기 시작한다 얼마나 전염성이 있고 오용되기 쉬운가

 나는 천체 망원경을 갖지 못했고 후배는 아무런 경험이 없다고 말한다 유년에 뗐어야 했던 젖꼭지처럼 말라빠진 교육이 몇 달 내내 지속될 것이다

 신이 되기 싫어 점성술가가 되었다는 사람들의 천막을 빠져나왔다 그들은 물고기 이월(移越)해도 언뜻 본 작은 개 목이 졸린 듯 자다가 세게 맞은 듯 무력해서 반짝이는

 과자를 줄까 지금껏 나의 기교는 강간당하는 형식

으로 습득되었고 무조건 크게 확대하는 것 외에도 여러 종류의 렌즈가 필요했다

 황야의 도마뱀은 천천히 움직인다 이 아이는 한때 독학을 결심했었다고 말한다 우리는 자주 아바타로 만나고 알다시피 별명으로 접속한다 매달 별자리의 위치처럼 할 수 있는 데까지 바꿔버린다

 나는 살쾡이에게 배운 그대로 도마뱀에게 가르친다 그러나 곱슬머리 도마뱀은 나를 믿지 못하는 걸까 피살자를 확인하려는 범인처럼 내 눈을 까뒤집어 보고 이마를 만진다

 오오 전혀 짐작 못했어 부르르 떨리는 손 울음도 없이 모르는 짐승이 되어 파고드는 나는 순식간에 긴장했다 언제부터 뭔가 알려줄 게 있는 사람처럼 보이고 싶었을까

충돌하고 폭발하는 순간에 태어나는 행성도 있을 것이다 누가 가르치지 않았지만 그는 부드럽게 시작한다 선험적으로 그는 조숙하고 노련하다 전수자의 속임수를 안다

 스산하고 낯선 이 행성으로 도피해온 이후 나는 진지하게 사는 게 더 수월하다는 걸 알아간다

명암

이렇게 살면 폐인이 될 것 같아
짐을 챙겨 옆방으로 갔네

이렇게 살면 귀신이 될 것 같아
다시 짐을 챙겨 옆방으로 갔지

이렇게 지내면 정말 귀신도 못 될 것 같아
짐 챙길 새도 없이 옆방으로 갔어

평생 이 방들을 차례차례

이런 방식으로는 안 돼
신비로운 복사기를 보며
영원히 중얼거릴 수 있다면 좋겠니

나는 옆방으로 가네
무릎 꿇고 바닥을 닦다가
다음 방으로 다음 방으로

빼라기 전에 빼는 게 사랑의 역사라면

고독하게 수행되는 끝없는 이동
칸토로비치는 이 작업을 무한이라고 했나

밤이면 불을 켜고 가스 불에 국을 데워
돈 내지 않으면 모든 게 끊어지네
끝은 끝 방
고요와 평화

불이 꺼지면
버스를 타고
종점까지 갔다 돌아와야지
나는 젖겠네

일주일

 간신히 눈꺼풀을 올린다 하루 이틀 사흘은 아무것도 보이지 않았다 아무도 전화하지 않았다 공원에도 가지 않았고 마로니에 열매가 떨어지는 동안 마로니에 열매가 떨어지는 것을 몰랐다 먹을 걸 거부하는 동안 거부하는 것이 무엇인지 생각하지 않았다 확실치 않지만 그랬던 것 같다 그대로 계속 그대로 그럭저럭 지내려 했다 나흘 닷새에 창문틀 유리병 물 잔 화분 받침이 반짝거렸다 공기가 나를 잡아당기고 왜 사람들이 햇살을 찬란하다고 말하는지 알 것 같았다 손등 위에서 공기가 공깃돌처럼 따뜻해지는 사이 새 한 마리가 어린나무에서 큰 나무로 옮겨 앉는 걸 쳐다보았다 내 귀를 쳐다보던 고양이와 악수했다 이것 좀 봐 놀라워 창문을 열어젖히고 노을을 바라봤다 혼잣말을 하기 시작했다 불그스레한 뺨을 의자에 비볐다 코와 이마 입술을 비볐다 엿새째 나는 뒤섞어 흔들어 마실 독주가 필요하다고 생각했다 초반부터 괜찮은 음악을 끝까지 반복해서 듣고 싶었다 술을 섞어 마시며 빨래를 했다 운동화도 빨고 운동화 끈도 빨고 걸레는 빨지 않았다 처참한 기분이 들지 않았다 그가 완전히 사라진다면 죽는다면 좋겠다는 생각이 사라졌다 중얼거렸다 하루살이들 떨어지는 구멍가게와 파라솔 사이에서 눈이 푹 들어갔다 거울 보지 않아도 알았다 이레 되었다 그를 안 본 지 그는 난처해하며 고등어를 먹었다 우울해 보였다 그리고 택시를 타면서 이쪽을 보지 않았다 더 이상 구애할 게 없다 천천히 망가져가는 누군가 나를 눈치 채주기 바라지도 않는다 정말로 굴복할 대상이 없는 순교자처럼 저녁의 마로니에 나무까지 걸어간다 가장 아름다운 나뭇잎을 만졌다 당연히 벌레 알이 너무 많다 바닥에 떨어진 새는 날 때보다 더 크게 날개를 파닥거린다 취기가 올라 내 온몸이 발갛게 되다 하얘지고 있다 거울 안 봐도 안다 자주 앉는 벤치다 누가 앉을 수 있게 모서리에 앉는다 아니면 비둘기 똥이라도 떨어지면 좋겠다 배고프다 아니면 아무 새똥이든지

평균율

 피아노 레슨을 무료로 받는 대신 선생의 자식에게 영어를 가르친다 녀석은 나보다 발음 좋은 편인데 단지 강하게 표현해야 할 부분을 어려워한다 내 5번 손가락이 건반을 헛짚을 때마다 평균적으로 이렇죠 반복이 최고랍니다 난 그 애 엄마한테 들었던 대로 옮기며 졸곤 한다

 2층은 음악 학원 3층은 살림집 일주일에 세 번 나는 음계와 체계 따위에 미숙한 채 이상하게 구성된 건물의 미끄러운 계단을 뛰어오른다 가끔은 1층 고기집 앞에서 연기가 다른 데로 새는 환기통을 바라본다

 창고려니 했던 문이 느닷없이 열리더니 뭔가 돌진해왔다 소녀는 순식간에 화분을 넘어뜨렸고 어쩔 줄 몰라 하다가 다리를 절며 책상용 식탁 옆으로 다가와 앉았다 천진난만하게 나에게 더듬더듬 안녕이라고 말하는 순간

후다닥 끌고 갔다 화장실 옆 골방으로 말릴 새도 없이 내 제자와 동생에게 귀를 잡혀간 누나 사이 핀잔과 울음소리 사이 조금 빠르게 템포를 두고 격하게 올라오는 냄새와 선율 불타는 돼지 쪼가리와 바흐인 벤션의 반복적인 악장은 덜커덩 공평하게 뒤섞인다 나의 언어 지체와 동어 반복 따위가 내 음정을 조작하고 간헐적인 사지 마비가 근사치의 나를 구성한다 매혹적으로

'경수야! 누나를 숨기지 마. 비밀이지만 선생님도 환자란다. 어서 문 열어줘. 누나가 아프고 싶어서 아픈 건 아니잖니? 정신박약이나 다운증후군에 걸렸다고 해서 가둬두면, 너! 나한테 죽었어.' 나는 처음으로 내 제자에게 제대로 강하게 표현한다 쪽지를 접어 문틈으로 밀어 넣는다 내가 썼지만 나답지 않게 보편적으로 착한 어투로

남매가 틀어박힌 방문에 귀를 갖다 붙인 채 나는

또 손마디를 분지른다 다섯번째 손가락을 꺾을 때가 제일 시원하다 이건 원래부터 박약했다 다시 꺽꺽 울어대는 소리 다독이는 소리 2성부의 분산 화음이 가득하다 마침내 끝나겠지만 그게 언제일지 짐작하기 어려운 이 불완전한 코다 부분은 황홀하게 아름답다 언제 들어도 이렇다 좀 있으면 그들과 나는 요구르트에 나란히 빨대를 꽂을 것이다

유일하지 않은 하나

 처음 그리는 그림은 복숭아 반쪽이다 붕붕붕 단물에 빠져 허우적대는 파리와 햇살이 거슬린다 빨리 그려라 다그친다 후텁지근한 바람까지 막아버리는 교탁 아래에서 연필을 물고 잠에 빠졌다가 수업이 끝날 때쯤 재빨리 스케치한다

 백도를 그리랬지 누가 괴발개발 까뒤집은 엉덩일 그리라 했냐? 전요 털 난 과일을 보면 두드러기 생겨요 거짓말을 하고 대머리 미술 교사는 내 복사뼈를 훑는다 숭숭 털 수북한 팔등을 자르는 그림으로 첫발을 내딛는다

 후미진 산동네다 처음으로 할머니를 업고 걷는다 거지 같은 내 할머니가 덜 거지 같은 아저씨의 더러운 깡통에 소리 나지 않게 동전을 집어넣어라 시킨다 찰랑 아저씨는 못 들은 체하지만 흐리멍덩한 눈빛끼리 마주쳤을 때 나는 죄지은 사람처럼 다리가 몹시 후들거린다

이번 그림의 모델은 중늙은이 술주정뱅이다 눈 아래 부분이 보이지 않는다 그는 고개 들 기운도 없어 보이고 영정에 쓸 사진조차 갖고 있지 않다고 말한다 뜨거운 갈매기 모양의 이마 가장자리를 만진 적 있다 할머니가 조실 때 늙은 아빠를 상상하며 후다닥 그린다

여러 해 그 그림을 액자에 넣어놓고 우는 일도 보였지만 할머니는 욕을 잘하셨고 그럴 때가 못 견디게 존경스러웠다

그녀는 나의 유일한 할머니가 아니었고 나는 흘낏 본 그의 순식간을 전부처럼 기억하지만
오직 볼 수 있는 것만 보이던 나날이었다 그때가 내 투시력의 전성기였다고 더 쓴다면 그건 말짱 거짓말이고 그만큼의 애매한 종이를 낭비할 것이다 나쁜 일도 아니다

허구한 날 버리지 마라 주워 먹어라 비범찮은 기술을 가르쳐준 비렁뱅이 할머니 내 인생 유일한 선생이었다고 쓸까 말까 후루룩 그녀가 마시고 갔을 탕국에 손가락을 담가 공중에 할머니 쪽 찐 머리를 그린다 촛불을 끄고 입을 다물고 연기처럼 아무렇게나 흩어질 수 있다면 비슷하게 베끼던 일을 그만둔 건 후회스러운 유일한 일은 아니다

성난 얼굴로 뒤돌아보지 말고

 이봐, 팔을 휘젓는 건 아무래도 괜찮다는 뜻이지? 끝나가니까 어때? 어스름이라 좋지? 이 거리에 서서 초점을 잃어가는 사물들과 각자의 외투 속으로 목을 넣고 가는 사람들을 바라봐. 넌 아무 데도 안 가니?

 기다릴 게 있어서 좋아? 오늘의 결심(決心)과 망신(亡身)은 다 못 끝낸 채로, 미완성으로 마쳐버리는 너의 재능이 좋아. 나무들은 죽지 않으려고 헐벗었고 저기 새 떼가 죽을 힘껏 퍼덕거리며 날아가는데, 그 반대로 우리는 바빠. 흐지부지하게 알 듯 모를 듯 정말 모르게 될 때까지.

 아무리 네가 째려봐도 찌그러지지 않는 달밤이야. 봄이 아니라 겨울이라 좋지? 신년이 아니고 연말, 흥청망청, 처음이 아니니까 좋은 줄도 알겠어. 이제 곧 육신을 볼 수 없겠지. 움푹 파인 눈의 사람아! 창백한 내 사랑아! 일어나봐라, 내 방으로 가자.

한 번 더 널 건드려도 괜찮니? 숨넘어가겠니? 신이여, 이 아이를 지켜주소서, 제발, 어머니! 뜨거운 국물을…… 그들도 바빠. 지들이나 우리나 서로에게 뭘 줄 수 있었겠니?

엔딩 크레디트

유난히 끌리는 이 노래가 끝나갈 무렵
어둔 방에서 부스스 일어나 가사를 벽에 적는다
이전에 쓴 가사들이 벽에 넝쿨처럼 휘감겨 있다
나는 여인의 빈약한 젖을 빨며 노래에 취해 있었다
떠나지 마요 나를 버리지 마요
건초 냄새 나는 벽 속에서 연인들은 물고기를 굽고
나를 버린 여인은 나를 찾으러 오지 않을 것이다
알 수 없는 나라 노랫말들이 자동 번역기를 통과한 듯
  모국어로 술술 풀어져 적히고 있다
  숨을 내뱉을 때마다 자모음의 연한 가지 잎사귀들 떨어진다
  난 거무스레한 소용돌이를 들이마신 후 숨을 참아야 한다
  혼몽 속에서 눈 감은 채 받아 적는데 갑자기
  노랫소리가 조그매지고 점점 눈비가 되어 흩어진다

  나는 내 귀를 잡아당긴다

다급히 벽을 열어젖히고 한 발을 소리 너머로 들이민다
 가까스로 볼 수 있는 퀭한 눈의 여인이 얇고 환한 팔을 저어댄다
 네 입을 막을 손은 네 손밖에 없단다 제발 그쳐라 아가야
 이 몹쓸 방언 우리를 부르는 노래 우울한 노래가 너를 파먹잖니
 네 노래의 향료에 심취한 죽은 자들이 밤마다 따라 부르는 후렴 소릴 들어봐라
 이젠 날 떠나가게 해주렴
 이 여인이 이토록 슬퍼할 줄 알았다면 진작 시작할 걸 그랬지
 나는 내 멋대로 선창한다 의혹스러운 나의 주검이 후반부를 채울 것이다
 물의 의혹 속에 내리는 진눈깨비같이
 벽에서 건초 냄새가 나고 여린 소리가 뺨을 쓰다듬을 때

잠든 난 이끌리듯 일어나 벽을 핥는다
벽 속의 낡은 계단을 천천히 내려간다

| 해설 |

세이렌의 유령 놀이

이 광 호

1. 이상한 나라의 세이렌

 세이렌의 노래를 들은 적이 있는가? 널리 알려진 이 신화 속의 존재는 감미로운 노래로 지나가는 배의 선원들을 섬으로 유혹한다. 경보를 뜻하는 사이렌의 어원이 여기에서 유래했다는 것은 아이러니다. 위험을 알리는 소리가 치명적인 위험 속으로 유혹하는 소리로부터 나왔다니. 김이듬의 시집 속에서도 세이렌의 노래, 그 위험한 음악이 들려온다(세상의 모든 아름다운 음악은 위험하다). 하지만 김이듬의 세이렌은 추한 바다 괴물도, 천상의 목소리와 지혜를 가진 존재도, 매혹하는 관능미의 화신도 아니다. 세이렌은 단순한 여성 유혹자가 아닐 것이다. '여성 유혹자-남성 청자'의 평면적인 구도로 김이듬의 세이렌은 설

명되지 않는다. 김이듬의 세이렌은 우리가 경험해보지 못한 '몽유의 마녀'로서의 시적 주체이다. 여기서 세이렌은 남성을 유혹하기 위한 목표를 가진 동일성의 주체가 아니라, 이미 자신의 꿈에 취한 자, 혹은 몽유를 앓는 자, 가사(假死) 상태로서의 세이렌이다. 이 이상한 나라의 세이렌은 자신의 강박증을 상징질서를 위반하는 에너지로 동력화하는 분열된 발화를 들려준다. 그래서 이 세상에 없던 불길한 세이렌의 시간 속으로 듣는 자를 인도한다. 만약 당신이 그 노래를 안전하게 들으려 한다면, 귀를 막거나 오디세우스처럼 몸을 묶어야 한다. 당신은 어떻게 하겠는가? 아예 시집을 펼치지 않거나, 혹은 어딘가에 자신을 단단히 고정시킨 채로 시집을 읽어야 할 것이다. 자, 몸을 묶었는가? 그럼 그 소리를 향해 귀를 조심스럽게 열어 보자.

> 더 추워지기 전에 바다로 나와
> 내 날개 아래 출렁이는
> 바다 한가운데 낡은 배로 가자
> 갑판 가득 매달려 시시덕거리던 연인들
> 물속으로 퐁당
> 물고기들은 몰려들지, 조금만 먹어볼래?
> 들리지? 내 목소리, 이리 따라와 넘어와 봐
> 너와 나 오래 입 맞추게　　──「세이렌의 노래」 전문

시집의 첫번째 시는 이렇게 신화적 존재인 세이렌의 고전적인 목소리를 들려준다. 세이렌의 목소리는 바다의 낡은 배로 나오라고 유혹한다. 그 유혹 때문에 "시시덕거리던 연인들"은 물속으로 빠져서 물고기들의 먹이가 될 수도 있다. 마지막 두 문장에 주목하자. 세이렌의 유혹은 "이리 따라와 넘어와 봐"라는 표현처럼, 어떤 경계를 넘어서게 하는 것이다. 신화 속에서 세이렌이 뱃사람들의 정해진 항로를 이탈하게 만드는 것처럼, 세이렌은 어떤 치명적인 월경을 유혹한다. 마지막 문장에서 그 월경은 에로틱한 이미지를 얻는다. 이 에로틱한 이미지는 물속으로 떨어지는 사람들이 '연인'이라는 설정에서 이미 예비된 것이다. 세이렌의 목소리에 유혹된다는 것은, 에로틱한 경계를 넘어서는 치명적인 사건이 된다. 이 장면에서 세이렌의 유혹은 일시에 에로티시즘과 죽음을 하나의 궤도로 올려놓는다. 에로티시즘은 위반과 죽음의 영역이다. 바타유의 방식으로 말하면, 에로티시즘의 임무는 살아 있는 존재의 가장 내밀한 핵을 공격해 심장을 멈추게 하는 일이다. 세이렌의 유혹은 살아 있는 존재로 하여금 에로티시즘-죽음과 연계된 돌이킬 수 없이 치명적인 혼란의 순간을 만든다.

늦봄, 양손에 쥔 한 덩이씩의 눈을 주먹밥처럼 깨물며 이상한 사이렌 소리를 듣습니다. 댐이 방류를 시작합니다. 강가의 사람들은 신속히 밖으로 나가주십시오. 진양호 댐 관리소에서 알려드립니다. 사람들은 들었을까요? 내 방은 강에서 멀리 있는데 물 빠진 청바지 같은 하늘엔 유령들이 득실거립니다. 가르쳐주세요. 눈사람처럼 내 다리는 하나로 붙어 광채를 띤 채 꿈틀댑니다. 나는 어느 바다로 흘러갈까요? 혼자 그곳에 갈까요? 손바닥에서 입에서 흘러내리는 이것이 한때 머리였는지 몸통이었는지 아무것도 아니었는지 나는 왜 지금 막 사라진 것들에만 쏠릴까요? 부르면 혼자 오시겠어요? ——「일요일의 세이렌」 부분

세이렌은 일요일에도 그 소리를 들려준다. 일요일이란, 지상에서 생산의 시간이 정지하는 날이다. 인간의 근면성으로부터 풀려나는 날이기 때문에, 일요일에 세이렌의 목소리를 듣는 것은 의미심장하며, 그래서 세이렌의 목소리는 더 매혹적일 것이다. 이 시는 냉동실에서 꺼낸 눈사람의 이야기로 시작하여, 댐의 방류를 알리는 이상한 사이렌 소리, 그리고 눈사람처럼 흘러내리는 자기 몸의 이야기로 끝난다. 앞의 시에서 세이렌의 목소리는 하나의 화자로부터 나왔지만, 이 시에서 세이렌의 목소리는 좀더 혼란스럽다. 우선 이 시의 화자는 일요일에 이상한 사이렌 소리를 듣게 되는 사람으로 설정되어 있다. 하지만 시가 진행되면, 그는 "손바닥에서 입에서 흘러내리는 이것

이 한때 머리였는지 몸통이었는지 아무것도 아니었는지" 모르는 존재, "나는 왜 지금 막 사라진 것들에만 쏠릴까요?"라고 물어야 하는 존재가 된다. 1인칭 화자는 시적 대상인 눈사람의 몸으로 자신을 존재 이전하고, 다시 스스로 세이렌의 목소리를 닮아간다. "부르면 혼자 오시겠어요?"라는 마지막 문장은 어느새 세이렌의 유혹과 구별되지 않는다. 그리하여 사이렌 소리를 듣는 인물이 나오는 이 시 전체가 세이렌의 목소리로 구성된 것으로 볼 수도 있다. 눈사람은 고체와 액체의 경계의 존재, 늦봄의 눈사람은 물로 녹아내릴 존재이고, 댐의 방류는 그 경계가 무너진 존재를 어떤 다른 바다로 흘러가게 할 것이다. 그래서 일요일의 세이렌은 지상의 인간들을 눈사람처럼 녹여내어, 다른 바다로 인도할지도 모른다.

    우리는 정말 사랑하지 않았을까
    그녀가 눈을 감았을 때
    5월은 미끄럽고 주전자는 윤이 났다
    한 사람은 후추 통을 흔들고 있었다
    몇 사람이 놋쇠 그릇을 닦고 있었다
    식탁 위로 올라가 발을 구르다
    소녀는 노래하기 시작했다
    풍성한 머리칼이 자라는 그릇은 울기 시작했다
    그릇된 노래는 부르지 마라

막대기로 때리고 문지를수록
소녀는 진동했고 발작에 가까웠다

다시 생겨날 당시의 용도로 돌아갈 수 없었다
　　　　　　　　　　—「드러머와 나」 부분

　김이듬의 시 속에서 그 세이렌은 가끔 소녀의 얼굴로 출몰한다. 소녀는 위협과 폭력의 상황 속에 놓여 있다. 단식을 선언했지만 "그것은 부조리한 저항이었을지 모른다." 그리고 "식탁 위로 올라가 발을 구르다/소녀는 노래하기 시작했다." 소녀의 노래는 세이렌의 노래처럼 유혹자의 노래가 아니다. 어떤 극단적인 폭력 앞에서 소녀는 울음처럼 노래하고, 그 진동하는 울음은 '발작'에 가까운 것이다. 그러니까 그 울음은 소녀의 내적 공포가 진동하는 울음이자, 노래이다. '유혹'으로서의 노래와 '발작'으로서의 노래 사이에서, 이 시집의 세이렌의 목소리가 울려 퍼진다. 그렇다면, 이 시 속의 '주발-빈 그릇'과 소녀를 위협하고 때리고 문지르는 '막대기'는 무엇인가? 혹은 왜 시의 제목은 '드러머와 나'인가? 소녀를 드럼과 같은 존재에 비유했다면, 그래서 소녀를 위협하는 막대기는 드럼을 치는 스틱이라고 이해하면 될까? '소녀-그릇-드럼'이 하나의 계열 관계를 이룬다면, '그릇과 드럼'은 소녀의 존재 양식을 드러내준다. 그릇이 소녀의 텅 빈 여성성에 대한 암시라면, 물론 드럼은 막대기의 위협과 타격을 통해서 발작적으로 진동하는 소녀의 몸이다. '그릇-드럼'으로서의 소녀는 막대기의 위협 속에서 발작적으로 진동한다(그 막대기를 남근적인 상징으로 단순화할 필요는 없다). 다만 이 시 속에서 소녀의 노래는 공포로부터 터져 나오는 비명과 같은 진동이라는 것, 세이렌의 노래는 소녀의 몸속에서 발작처럼 흘러나온다는 것.

> 나는 내 귀를 잡아당긴다
> 다급히 벽을 열어젖히고 한 발을 소리 너머로 들이민다
> 가까스로 볼 수 있는 퀭한 눈의 여인이 얇고 환한 팔을 저어댄다
> 네 입을 막을 손은 네 손밖에 없단다 제발 그쳐라 아가야
> 이 몹쓸 방언 우리를 부르는 노래 우울한 노래가 너를 파먹잖니
> 네 노래의 향료에 심취한 죽은 자들이 밤마다 따라 부르는 후렴 소릴 들어봐라
> 이젠 날 떠나가게 해주렴
> 이 여인이 이토록 슬퍼할 줄 알았다면 진작 시작할 걸 그랬지
> 나는 내 멋대로 선창한다 의혹스러운 나의 주검이 후반부를 채울 것이다
> 물의 의혹 속에 내리는 진눈깨비같이

벽에서 건초 냄새가 나고 여린 소리가 뺨을 쓰다듬을 때
잠든 난 이끌리듯 일어나 벽을 핥는다
벽 속의 낡은 계단을 천천히 내려간다
            ――「엔딩 크레디트」 부분

　시집의 마지막 시에서 들려오는 노래는 또 무엇인가? 이 시의 '나'는 노래가 끝날 무렵 "어둔 방에서 부스스 일어나 가사를 벽에 적는다." "알 수 없는 나라 노랫말들이 자동 번역기를 통과한 듯/모국어로 술술 풀어져 적히고 있다." 이 받아 적기의 와중에서 "갑자기/노랫소리가 조그매지고 점점 눈비가 되어 흩어진다." '내'가 "벽을 열어젖히고 한 발을 소리 너머로 들이"밀어서 본 것은, 아가의 울음을 말리는 여자의 몸짓이다. 그렇다면, '내'가 받아 적은 노래는 아가의 노래일 것이고, 그 노래는 "이 몹쓸 방언 우리를 부르는 노래 우울한 노래"이다. 그 노래는 또한 "죽은 자들이 밤마다 따라 부르는 후렴"을 동반한다. 이 시 속에서 노래를 듣는 자, 노래를 받아 적는 자로서의 '나'는 동시에 노래를 따라 부르는 자이며, 나아가 노래를 선창하는 자이다. '나'는 그 "몹쓸 방언"을 듣는 자이며, 동시에 발화하는 자이다. 이 시의 시적 주체는 몽롱한 잠에 취해 있다. 그래서 '나'가 체험하는 사건의 실재성을 믿기 힘들 뿐만 아니라, 여인과 아이의 존재 역시 그 실체성을 믿기가 어렵다. '나'와 '여인'과의 관계 역시 모호하

다. 그리고 어쩌면 '여인'과 '아이'가 '나' 밖의 다른 존재거나, 아니면 '나'의 다른 시간과 기억 속에 존재하는 '나'의 일부일 수 있다. 중요한 것은 '나'라는 존재의 '노래'와의 관계이다. '나'는 어떤 알 수 없는 공간으로부터 들려오는 노래의 기록자이며, 동시에 선창자이다. 이 시집 속의 노래하는 주체는 이런 맥락에서 현실의 시간 저편으로부터 들려오는 노래를 기록하는 자이고, 동시에 "몹쓸 방언"을 먼저 부르는 자이다.

2. 꿈속의 꿈

#6

　우르르 유령 시인들이 몰려와 여자의 종이를 찢어버립니다. 종이만 찢었을 뿐인데 여자의 가슴에서 피가 흐릅니다. 욕조 안에 핏물이 고입니다. 유령 시인들은 종이에 대고 협박합니다. 자신의 시를 모방했다고, 갖은 기교 범벅 비스킷 같다느니 뭐니 벽돌로 여자의 머리를 빗어줍니다. 칭찬은 아닌 것 같은데 기분이 좋아집니다. 이상(李箱) 옆에서 김수영이 사랑에 미쳐 날뛰는 날을 이야기합니다. 전 당신들을 닮을 생각도 없고 오마주도 모르는데요. 우리는 영원히 무한히 우리를 배신하여…… 입에서 두부만 한 핏덩이가 쏟아집니다. 가만히 보니 오래 묵은 자의식과 낭패감 따위가 묻어 있습니다. 초라한 절망으로는 충분히 가벼워지지 않은 근육들이 핏물에 자유롭게 꿈틀거립니다. 여자는 잠에 빠지듯 혼몽합니다. 몸이 조금씩 빠져나갑니다. 스르르 욕조 구멍에서 빠져나가 다른 세계로 흘러갑니다. 모든 수치와 장난, 인연으로부터 먼 세계로 나아갑니다. 기고 있지만 날아가는 것 같고 유령들과 한패가 된 듯도 하지만 동물들의 울음을 이해합니다. 용감무쌍하지 않고 나약하지 않습니다. 아무래도 절반 죽은 것 같습니다.
　　　　　——「유령 시인들의 정원을 지나」 부분

시는 13개의 장면으로 구성되어 있다. "늙지도 젊지도 않은 여자"가 정원에 나타난다. 그녀는 뒤뜰의 마른 욕조에 누워 시를 쓴다. 그곳은 '유령 시인'들의 정원이다. '유령 시인'들은 '나'를 협박한다. 물론 이 장면은 '시 쓰는 여자'의 오래 묵은 자의식과 낭패감이 드러나는 장면이다. '유령 시인'들에 대한 '여자'의 태도는 이중적이다. 그들의 협박과 비난에 대해 기분이 좋아지기도 하고, "유령들과 한패가 된 듯도 하지만 동물들의 울음을 이해"한다. '여자'의 이런 모호한 태도는 그녀가 혼몽한 상태에 있고, "아무래도 절반 죽은 것 같"은 상황에 처해 있기 때문이기도 하다. 그런 의미에서 그녀는 이미 반쯤 유령 시인이다. 다음 장면에서 "태생적으로 스스로에게 반한 여자는 유령들이 자신을 모방하는 것에 질렸습니다"라는 진술이 등장한다. 여자와 유령 시인들의 관계는 원전-모방의 관계로부터 역전된다. 스스로에게 반한 여자는 아마 '자신'을 모방할 것이다.

다음 장면에서 여자는 엄마로부터 버림받은 딸의 내면을 드러낸다. "버림받은 어린 딸이 엄마를 찾아가는 것은 별이 뜨는 이유와 같습니다. 그렇다면 시를 쓴다는 것은 무슨 까닭입니까?"라는 질문은 어쩌면 이 시집을 관통하는 시적 주체의 육성이다. "세상에 수많은 질문을 접고 쓰고 있는 것에 대한 기대를 덮었습니다. 그녀의 일생은 해결해야 하는 그 무엇이 아니라 있는 그대로 존재하는 그 무엇 너머…… 솔직히 잘 모릅니다." 그러면, 여자가 시를 쓴다는 것은 '문제를 해결하는 것'이 아니라, '있는 그대로 존재하는 그 무엇 너머'에 대한 발언일 수 있다. 이 이상한 지점에서 여자의 시 쓰기-삶의 방식과 이유가 위치한다.

13

모든 것은 변해가지만 아무것도 변하지 않은 날들입니다. 오히려 더욱 외롭고 춥게 더더욱 허무하게 손전등을 켜고 유령 놀이를 합니다. 텅 빈 광장에는 교활한 침묵뿐. 운이 좋아 들어온 고모라 같은 이곳에는 엇물리는 이상한 시간들이 있습니다. 포용의 복도도 삼빡한 연애나 우정의 비상구도 없습니다. 매일 문장이 탈주한 자리엔 얼음이 깊어지고 매캐한 연기가 끊이지 않습니다. 하루 끼니를 겨우 해결한 우울한 바보 여자는 유령들의 정원을 내려다봅니다. 거미줄을 걷어보면 거울 안의 욕조에 심장의 묘비에 때가 많이 끼었습니다. 결국 그녀는 그 여자가 어디 있는지 못 찾습니다. 사실 여자라기엔 애매한 실존입니다. 둘 중 하나는 유령입니다. ―「유령 시인들의 정원을 지나」 부분

시의 마지막 장면은 일상적 시간으로의 귀환을 암시한다. 그 "변하지 않은 날들"의 시간 속에서 여자는 "유령 놀이"를 한다. 그 유령 놀이는 혼자 자신을 유령으로 만들어보는 놀이일 것이다. 그 "우울한 바보 여자는 유령들의 정원을 내려다"보는데, 그곳에는 깊은 시간이 이미 흐른 것처럼, 거미줄과 때가 낀 "심장의 묘비"가 있다. 문제는 그다음이다. "결국 그녀는 그 여자가 어디 있는지 못 찾습니다"라는 문장은 이 시 전체를 새로운 혼돈 속으로 몰고 간다. 3인칭 '여자'의 행위와 시점으로 서술되던 이 시에서, 갑자기 두 명의 여자가 등장한 것이다. 아마 독자들은 처음부터 시를 다시 읽으려고 할 것이다. 숨겨진 또 한 명의 여자를 찾기 위해서 말이다. 그러면 애초부터 이 시의 장면들은 두 명의 여자 시점으로 구성되었던 것인가? 하지만 시의 본문에서 또 한 명의 여자를 다시 찾아내기는

쉽지 않다.

  물론 하나의 분명한 단초가 있다. '#10'에서 "깊은 잠에서 깨어난 듯합니다. 관(棺)에서 일어나듯 욕조에서 나와 여자는 물을 뚝뚝 흘리며 전화를 겁니다"라는 문장이 그것이다. 이 문장은 이전의 모든 장면들이 여자의 꿈속의 장면이었다는 것을 암시한다. 그러니까 이전의 그녀는 여자가 꿈속에서 본 여자인 것이다. 그래서 이 시는 꿈의 장면과 꿈 이후의 장면에 대한 진술들로 구성되었다고 할 수 있다. 마지막 장면에서 유령들의 정원에서 찾는 것은 꿈속의 그녀일 것이다. 결국 이 시에는 꿈속의 그녀와 꿈 밖의 그녀라는, 두 사람의 여자가 존재하는 셈이다. 이 시의 마지막 문장은 그래서 의미심장하다. "사실 여자라기엔 애매한 실존입니다. 둘 중 하나는 유령입니다." 그녀들이 "여자라고 하기엔 애매한 실존"인 이유는 '유령'일 가능성 때문이다. 그런데 시의 화자는 꿈속의 그녀를 유령이라고 말하지 않고, "둘 중 하나는 유령"이라고 말한다. 이 발언은 꿈속의 그녀, 혹은 꿈 밖의 그녀 모두 유령의 가능성을 갖고 있다는 의미이다. 꿈꾸는 그녀와 꿈속의 그녀는 모두 "절반 죽은" 상태이다. 꿈속과 꿈의 바깥은 선명한 경계를 갖고 있지 않으며, 어느 한쪽이 살아 있는 시간이라고 말할 수 없다. 그것은 이 시 전체가 꿈에 대한 꿈, 꿈속의 꿈이라는 것을 암시한다.

몇 해 만에 기차를 탔습니다. 정하지 않은 목적지로 떠나 보긴 참 오랜만이네요. 파파야 나무 숲 속을 걷고 있는데 파랗게 바다가 펼쳐졌습니다. 나는 만돌린을 안고 해변에 누워 있었습니다. 추워서 노란 모래 사자 입 안에 다리를 집어넣고 잠들었습니다.

네, 깜빡 잠자는 꿈을 꾼 게지요. 놀라 눈을 떠보니 내 머리는 낯선 사람의 어깨 위에 놓여 있네요. 한 번도 만난 적 없는 사람의 구레나룻에 닿은 머리칼. 누군가 우릴 보면 먼 데 도망하는 연인쯤으로 알겠지요.

어쩌죠? 후다닥 고개 들고 미안해요 말해야 하는데 이 언저리, 무릎까지 빠지는 모래 언덕에 내 이마를 대고 조금만 더 잠들지 몰라요. 당황한 듯 굳어 있는 더운 베개가 이토록 설레는 꿈을 준다면.　　—「레일 없는 기차」 부분

'꿈속의 꿈'이라는 시적 상황은 김이듬 시집의 중요한 미적 프레임을 만드는 것처럼 보인다. 기차를 타고 떠난 몇 해 만의 여행에서 시의 화자는 해변에서 잠든다. 그다음 문장이 "네, 깜빡 잠자는 꿈을 꾼 게지요"라는 것을 보면, 앞의 장면이 꿈속의 장면이라는 것을 알려주는 것처럼 보인다. 하지만 상황은 그보다 좀더 모호하다. "잠자는 꿈"이라는 설명처럼, 앞의 장면이 꿈에서 잠자는 장면이라고 생각할 수 있지만, 그 역으로도 생각할 수 있다. 그다음 시의 진행은 그 자리가 기차 안의 공간인지, 아니

면 해변과 모래 언덕의 자리인지 알 수 없이 뒤섞여 있다. 그리고 시의 마지막 연에는 "다시 눈을 떴을 때 나는 혼자 긴 등받이에 기대어 있길 바랍니다"라는 문장이 다시 등장한다. 그렇다면 이 시는 두 겹의 꿈으로 구성된 것이다. 이 시에서 '꿈/현실'은 하나의 선명한 경계로 구별되지 않는다. '꿈/현실'은 '꿈(현실)-꿈(현실)'로 재배치된다. 이 시의 제목이 '레일 없는 기차'인 것은 그 '꿈(현실)-꿈(현실)'의 시간을 달리는 기차이기 때문일 것이다. 기차는 목적지가 없기 때문에, 꿈에서 현실로 돌아오지 않고 하나의 꿈에서 다른 꿈으로 끊임없이 이동한다. 그리고 그 이동은 꿈꾸는 세이렌의 자기 이동이며 유령 놀이기도 하다.

> 뱅뱅 돌고 있어요
> 숲 속도 아니고 성벽이 있는 시가지도 아니죠
> 물론 걷기는 싫죠 그렇지만 걸어야 할지 몰라요
> 일렬로 줄을 서서 어딘가로 가려고 하는 가로등 불빛을 봐요
> 이들 중 불 꺼진 가로등의 양철 기둥과 나 입체적인 구름 둘 기둥을 잡고 맴돌지만 깊이 판다고 해서 가방을 찾을까요
> 편한 걸 제쳐놓고 목 길고 조이는 스웨터를 입었어요
> 털실의 운하를 따라 머리를 통과할 때마다 해, 괴한, 꿈을 꾸고

> 헬렐레하는 사이 춤을 추던 인형들은 시계 속에 갇혔죠
> ―「헬레레할래」 부분

'나'는 지금 새벽길을 걷고 있다. 술을 먹고 가방을 택시에 두고 내렸기 때문에 열쇠도 없다. 공중전화를 찾았지만 아무 번호도 생각나지 않는다. 그래서 '나'는 중얼거린다. "내가 어디를 가고 있게요?" "뱅뱅 돌고 있어요"라고 중얼거릴 수밖에 없다. '나'는 지금 이 공간의 위치를 알 수 없으며, 어디로 가야 할지도 알지 못한다. "깊이 판다고 해서 가방을 찾을까요"라는 중얼거림처럼, '나'의 의식은 착란과 혼몽의 상태에 머문다. 그리고 이 장면에서 다시 '나'는 "해, 괴한, 꿈"을 꾼다. 그 꿈이 이 장면에서 다시 꾸는 꿈인지, 아니면 이 장면 자체가 하나의 꿈인지 알 수 없다. 앞의 논의를 연장한다면, 이 역시 '꿈속의 꿈'일 것이고, 때문에 그 속에서 '나'는 "언제나 헬레레한 리듬 속에서 불가시선을 느"낀다. 그런데 흥미로운 것은 '헬레레할래'라는 의지형의 문장. '헬레레'의 시간이 어떤 피할 수 없는 수동적인 상황이 아니라, 일종의 의지이거나, 선택이라는 것. '내'가 스스로 이 '헬레레'의 리듬을 살고 있다는 것. '꿈속의 꿈'의 주체는 꿈속에서 다시 다른 꿈으로 진입하는 시적 주체라는 점이다.

3. 몽유의 에로스

　벽난로 아궁이에서 얼굴만 내민 남자가 구두 좀 치워달라고 부탁한다 철썩거리는 파도 소리가 들리더니 사람 머리만 한 꽃들이 떠밀려온다 오렌지색 머리칼의 여자가 꽃다발을 높이 들고 숨을 헐떡이며 나의 왼쪽 옆 자리로 기어오른다 역한 냄새가 나는 꽃이 내 코에 멧비둘기처럼 앉는다 양쪽에 위치한 여자와 남자는 나를 넘어서 대화를 시작하고 육구 형태로 포옹한다 나는 뭉개졌으며 개의 뱃속에서 조금씩 졸린다 누가 보낸 초대권이었는지 언제 연극이 시작될 것인지 아님 끝난 지 오래된 건지 생각하기조차 귀찮아진다
　　　　　　　　　　　　　　──「지정석」 부분

　여기는 극장의 객석이다. 안내인이 손전등 불빛으로 가리키는 지정석은 "웅크린 사냥개의 송곳니"이고, '나'는 개의 "방석만 한 혓바닥 위로 엉덩이를 밀어 넣"고 앉는다. 이렇게 해서 상황은 처음부터 몽환적인 환각 속으로 돌입한다. '나'를 사이에 둔 남녀의 '육구 형태'의 포옹이라는 기이한 장면에서, '나'는 뭉개진다. '뭉개진 나'는 이 지정석이 누가 보낸 초대권인지 연극의 시작과 끝을 알지 못한다. 다른 방식으로 말한다면, 이 상황 역시 전체가 하나의 환각, 어떤 섬망(譫妄) 상태의 진술로 구성된다. 이 상태에서 상황의 실재성을 파악한다는 것은 불가능하거나, 혹

은 '귀찮은' 일이다.

    삐죽삐죽 뻐드렁니가 튀어나온 안장 위에 다리를 벌리고 앉았다 손잡이를 뿌리치고
    오르막길을 달려간다 페달을 돌리면서 살짝살짝 음핵을 비벼주는 게 자전거 타기의 묘미다
    쿠션 좋은 산악자전거 타고 바다 위를 날아가는 꿈은 꾼 적 없다
    철공소 골목 안 자전거 대여점의 낡고 더러운 자전거를 타고 신나게
    달리다가 사과 꽃잎이 달려드는 동사무소 화장실에 엉덩이를 까고 앉아
    젖은 신문의 펼쳐진 면을 거들떠보며 볼일을 봐야 하는 일이 생긴다
    그때보다 지금 여기서 오줌을 누는 게 멋지겠다고 생각한다
    싼다 정말이지 화장실이 급했다
    문 여는 시각에 맞춰 병원 가려면 한시라도 빨리 출발해야 한다
    지린내 나는 안장을 뺀다
    안장이 없는 자전거를 타고 골목을 지나 기차가 다니지 않는 철길과 종탑을 아슬아슬
    나는 폐수로 꽉 찬 구름의 상수관을 마구 달린다
                     ―「여드름투성이 안장(鞍裝)」

김이듬 시의 몽유와 착란의 장면들은 성적인 모티브를 동반한다. 그것은 대개 어떤 모욕, 어떤 고통, 어떤 기이한 쾌락을 수반한다. 내 자전거와 부딪힌 승용차의 주인이 '나'의 건강을 확인하기 위해 들렀다가, "얼떨결에 심드렁한 개처럼 남자는 내 치마 아래로 기어들어간다." 그 다음 장면 '나'는 "삐죽삐죽 삐드렁니가 튀어나온 안장 위에"서 자전거를 타고 있다. 이 자전거 타기의 끝에서 '나'는 오줌을 싼다. 물론 이 장면을 성적인 묘사로 읽어내는 것은 어렵지 않을 것이다. 그러나 중요한 것은 그 상상적 모험의 위치와 궤적이다. 그런 의미에서 "안장이 없는 자전거를 타고" "폐수로 꽉 찬 구름의 상수관을 마구 달"리는 마지막 이미지는 강렬하다. 남근적 상징으로서의 '안장'을 제거함으로써 여성적 육체의 모험은 다른 차원으로 열린다.

내 열쇠는 피를 흘립니다 내 사전도 피를 흘립니다 내 수염도 피를 흘리고 저절로 충치가 빠졌습니다 내 목소리는 굵어지고 주름도 굵어지고 책상 서랍의 쥐꼬리는 사라졌습니다 소문대로 난 일 년의 절반을 지하실과 지상에서 공평하게 떠돕니다

나의 눈에서 물이 흐릅니다 한쪽 눈알은 말라빠졌습니다

두 다리의 무릎까지만 털이 수북합니다 음부의 반쪽에선 피가 나오고 오른쪽 사타구니엔 정액이 흘러내립니다 백 년에 한 번 있는 일입니다만

하하하 농담 그냥 여자도 남자도 아니고 죽은 것도 산 것도 아니라는 말을 요즘 유행하는 환상적 어투로 지껄인 겁니다 말도 하기 귀찮다는 예 바로 그 말이죠
——「푸른 수염의 마지막 여자」 부분

'나'는 "일 년의 절반을 지하실과 지상에서 공평하게 떠"도는 사람이다. 그런데 '나'는 성적으로 모호한 주체이다. "음부의 반쪽에선 피가 나오고 오른쪽 사타구니엔 정액이 흘러내"린다. '나'는 남성이거나 여성이 아니다. "여자도 남자도 아니고 죽은 것도 산 것도 아니라는 말"은 이 시적 주체의 성격을 명료하게 드러낸다. 이 여자는 자기에게 찾아오는 온갖 사람들과 놀아준다. 그 놀이는 죽음의 놀이다. 그래서 "지하실엔 매달 공간이 없"고 "정원에도 파묻을 자리가 없"다. 그녀는 놀아주는 여자이며, 시체를 처리하는 여자이다. 그녀는 다만 그 사람들을 "공평하게 대할 수밖에" 없었던 것이다. 그녀는 마녀인가? 그러나 이 마녀는 자신에 대해 확신을 가질 수 없다. "누가 봤을까요 나도 날 못봤는데/그러나 나는 아름다워요"라는 마지막 문장을 보자. '여자도 남자도 아닌, 죽은 것도 산

것도 아닌' '마녀'는 '나도 보지 못한' 존재이다. '비존재'로서 존재하는 마녀는 그러나 '아름답다.' "그러나 나는 아름다워요"라는 선언은, 자기에게 매혹당한, 자기의 부재와 참혹에 매혹당한 존재로서의 시적 주체의 존재감을 새긴다. 그리고 이 정체성을 갖지 못한 아름다움, 그 몽유의 에로스의 한 끝에 다음과 같은 시는 뜨거운 에로스를 얼음의 에로스로 바꾸어놓는다.

> 나는 겨울 저수지 냉정하고
> 신중한 빙판 검게 얼어붙은 심연
> 날카로운 스케이트 날로 나를 지쳐줘
> 한복판으로 달려와 꽝꽝 두드리다가
> 끌로 송곳으로 큰 구멍을 뚫어봐
> 생각보다 수심이 깊지 않을 거야
> 미끼도 없는 낚싯대를 덥석 물고
> 퍼드덕거리며 솟아오르는 저 물고기 좀 봐
> 결빙을 풀고 나 너를 안을게
> ──「이제 불이 필요하지 않은 시각」 전문

냉정한 겨울 저수지로서의 '나'는 큰 구멍과 얕은 수심으로 '너'를 받아들이는 존재, '결빙'을 풀고 '너'를 안는 존재이다. 그 존재를 단지 여성적인 존재라고 말할 필요는 없다. 얼음이란 물이 결빙된 상태. 얼어붙은 에로스의 시간일 것이다. 그래서 얼음은 의식과 무의식의 경계에 위치할 것이다. 그러나 여기서 얼음은 그 결빙의 시간 가운데 새로운 에로스의 시간을 스스로 준비한다. 그래서 얼음에게는 '불이 필요하지 않은' 것일까? 이때 얼음의 사랑은 자기 몸속의 수성(水性)을 스스로 풀어내는 꿈을 꿀 수 있다.

김이듬 시에서의 세이렌은 다만 여성 유혹자가 아니며, 유혹의 주체로서의 자기동일성을 확보한 존재가 아니었다. 그녀는 '여자라기에는 애매한 실존'이거나, '여자도 남자도 아닌 존재'이고, 산 것인지 죽은 것인 알 수 없는 '반쯤 죽은 존재'이다. 그녀는 꿈속에서 꿈꾸는 존재이고, 몽유의 형식과 착란의 언어로서만 노래하는 존재이다. 그 섬망과 혼돈의 상태에 처해 있는 세이렌은 그런 '헬레레의 시간'을 통해 이 세계를 지탱하는 상징질서를 교란하는 모험을 한다. 그 모험이 '유령 놀이'의 성격을 갖는 것은, 그것이 '가사(假死)'의 놀이이기도 하기 때문이다.

시집의 제목에서 시인은 그 놀이에 '팜 파탈'의 이미지를 부여한다. 일반적인 의미의 '팜 파탈'은 남성을 유혹하여, 그를 죽음이나 고통 등의 치명적인 상황에 이르도록 하는 여성을 의미한다. 자신도 거부할 수 없는 운명에 처해 있는 팜 파탈의 치명성은 그녀가 남성을 압도할 만큼의 매혹을 보유했기 때문이다. 그러면 김이듬의 세이렌은 팜 파탈인가? 그 노래가 어떤 치명적인 위험을 동반하고 있다는 측면에서 세이렌은 팜 파탈의 측면을 보유한다. 특히 성적인 모티브의 노출 역시 팜 파탈로서의 세이렌의 존재를 수긍하게 한다. 그러나 대중문화의 이미지로서의 팜 파탈은 이성애 가부장제의 상징질서가 만들어낸 판타지이기도 하다. 팜 파탈의 표상은 남성 권력이 만들어낸 과도한 공포와 불안이 역설적으로 투사된 것이다. 그것은 팜 파탈의 매혹이 남성의 욕망이 만들어낸 매혹임을 의미한다. 팜 파탈은 남성들의 순수한 욕망의 대상이라기보다는, 그 욕망 자체를 욕망하게 만드는 표상이다.

그렇다면, 김이듬 시의 세이렌은 어떠한가? 그녀, 혹은 그녀들은 하나의 성적, 실존적 정체성을 갖고 있지 않다. 이 시집에서 '세이렌-팜 파탈'은 상징질서 내부의 주체화를 거부하는 혼종적 주체이다. 다시 한 번, 문제적인 것은 이 시집의 팜 파탈이 노래하는 세이렌으로서 등장한다는 점이다. 세이렌은 꿈속에서 꿈꾸는, 무의식에 대한 무의식의 기술이라는 방식으로, 상징질서를 뒤흔들어놓는 시적 언어를 발설한다. 그 언어는 남자를 유혹하여 치명적인 위험에 빠뜨리는 언어가 아니라, '남성/여성' '현실/꿈' '삶/죽음'의 경계가 갖는 상징적 권위를 혼란으로 몰아가는 언어이다. 여기서 시적 주체로서의 의미 생성 과정과 관련된 역동적인 세미오틱, 혹은 본능적 언어의 작동을 볼 수 있다. 김이듬의 시에서 팜 파탈은 이 세계의 상징질서에 깊고 날카로운 틈을 파고드는 이상한 나라에서 온 세이렌의 움직이는 초상이다. 그 '팜 파탈-세이렌'의 '명랑'은, 그래서 그녀들의 우울, 강박, 히스테리, 분열증 너머의 시적 에너지를 암시한다. 그것은 그녀들의 정신적 외상의 번역이 아니다. 자기 몸 깊은 구멍과 얼룩에서부터 고통을 다른 쾌락으로 만드는 시적 체위이다. 그리하여 세이렌이여, 그 한없는 몽유, 혼몽의 시간 속에서 명랑하라. 영원히 유령처럼 놀아라.